Semperoper Dresden

SEMPEROPER DRESDEN

Kurt Milde: Die wieder aufgebaute Semperoper 5

Geschichtliche Daten zur Semperoper und zu ihren Vorgängerbauten 38

Gottfried Semper – Biographie 43

Bilder einer Baulandschaft

Christian Borchert: Fotografien 45

Heinz Czechowski: Mit Dresden leben
Anmerkungen zu Christian Borchert 245

VEB Verlag der Kunst Dresden 1987

© 1985 VEB Verlag der Kunst Dresden

Kurt Milde   Die wieder aufgebaute Semperoper

Kulturelle Identität und Wiederaufbau

Der Baukörper der Semperoper beherrscht die Westseite des Theaterplatzes in Dresden. Ihr Architekt, Gottfried Semper, gab diesem Körper durch den gestaffelten Aufbau die dafür notwendige Breite und Eigenständigkeit. Die Exedra mit der bekrönenden Pantherquadriga betont die Mitte seiner Front und unterstreicht die symmetrische Gefaßtheit des Baus. Und auch der Raum vor dem Theater wird von Symmetrie beherrscht, denn das Reiterstandbild von König Johann ist genau auf der verlängerten Mittelachse des Bauwerkes aufgestellt. Die Fassade der Oper mit dem rustifizierten Mauerwerk des Erdgeschosses und den eindrucksvollen Säulenreihen des Obergeschosses wölbt sich dem Besucher entgegen und öffnet sich in zehn großen, symmetrisch zum Portal der Exedra angeordneten Türen, denen flache Freitreppen vorgelegt sind. Die Fassade spricht die kulturvolle Sprache der italienischen Hochrenaissance.

9*

Dieses Theater wurde am 13. Februar 1985 in einem feierlichen Staatsakt seinem Publikum wiedergegeben. Es ist dazu bestimmt, die große Traditionslinie fortzusetzen, die an diesem Ort vor allem in der Musik begründet worden ist. Zugleich wird die Oper ein bleibendes und wirksames Zeugnis für den Lebenswillen des Volkes und die Verbundenheit der Menschen mit ihrer Kultur bleiben, denn sie entstand nach vierzig Jahren neu aus den Trümmern, in die sie am 13. Februar 1945 durch einen verheerenden Luftangriff gelegt worden war.

Durch den Neuaufbau hat das Bauwerk einen besonderen Wert gewonnen. Er wird dem deutlich, der sich vorzustellen vermag, welch große Mühe aufgeboten werden mußte, um die notwendigen handwerklichen Techniken und Fähigkeiten mit der Qualität einsetzen zu können, die Sempers Formensprache verlangte. Darüber hinaus war aber auch großer Aufwand an modernen bautechnischen Mitteln erforderlich, um die Standsicherheit der Mauern und Fundamente wieder herzustellen und die funktionell bedingten und im Bühnenbereich besonders umfangreichen Veränderungen auszuführen. Das alles machte diesen Auferstehungsprozeß mit seinem koordinierten Zusammenwirken unterschiedlichster Gewerke und Arbeitsvorgänge, mit dem notwendigen schöpferischen Mitwirken des einzelnen, dem ständigen Beanspruchen aller seiner Fähigkeiten und ihrer dadurch geförderten Entfaltung zu einem kulturellen Ereignis mit eigenem Wert. Viele charakteristische Augenblicke und Seiten des kollektiven Schaffens hat Christian Borchert in

* Seitenverweise auf Abbildungen

seinen Fotografien festgehalten. Sie ermöglichen es dem Betrachter, noch nachträglich etwas von dem prägenden Erlebnis zu empfinden, das der Wiederaufbau für alle gewesen ist, die forschend, planend oder praktisch ausführend daran beteiligt waren. Borcherts Bilder vermitteln Einblicke, die dazu beitragen, im Erleben der Theaterkunst auch ihren architektonischen Rahmen als Triumph des Lebens über die Vernichtung zu begreifen.

Unmittelbar nach Kriegsende wurde in Dresden trotz härtester Not an lebenswichtigen Dingen, vor allem an Nahrung, Wohnraum und Heizung, mit dem Wiederaufbau oder der Sicherung zerstörter Baudenkmale begonnen. Aber es war unmöglich, die vielen mehr oder weniger wertvollen Gebäude des vernichteten Stadtzentrums wieder zu errichten. Eine Auswahl mußte getroffen werden, und obwohl die Semperoper von Anfang an mit zu den Bauten gezählt wurde, die erhalten werden sollten, fiel die endgültige Entscheidung über ihr Schicksal sehr schwer.

15, 16   Gewichtige Gründe sprachen für einen Abriß der Ruine. Zuschauerraum und Bühnenhaus waren stark beschädigt, ihre Dächer heruntergebrochen, und in manchen Partien des Bauwerkes war die Standsicherheit der Mauern gefährdet. Feuer und Rauch hatten der reichen Ausgestaltung der Foyers zum Teil erheblichen Schaden zugefügt. Eindringendes Regenwasser tat bald sein übriges. In einem solchen Zustand mußte das Theater einen hoffnungslosen Eindruck machen – zumal dann, wenn es mit der damals verbreiteten Intoleranz gegenüber der Architektur des neunzehnten Jahrhunderts beurteilt wurde.

Fruchtbaren Nährboden fanden sodann alle Auffassungen, die den Wiederaufbau für wenig sinnvoll hielten, in der schon aus den ersten beiden Jahrzehnten des zwanzigsten Jahrhunderts stammenden Großstadtkritik, die sich vor allem in den zwanziger Jahren sehr verdichtet hatte. Sie verband sich nach dem Kriege mit der Absicht, den notwendigen Wiederaufbau der Städte als Chance für ihre durchgreifende Neugestaltung zu nutzen. Dazu hatte Altes – oder gar Ruinöses – dem Neuen zu weichen.

Es gab jedoch auch genügend Argumente dafür, das Theater wieder aufzubauen. Dazu gehörte unter anderem, daß trotz der Schwere der Zerstörung doch auch große Teile zu erhalten oder mit vertretbarem Aufwand wieder herzustellen waren. Der Dresdner Architekt Kurt Bärbig, der einer Kommission angehörte, die schon kurz nach Kriegsende die zu bewahrenden Bauwerke Dresdens benennen sollte, nahm an, daß die verwendbaren Teile der Oper »einen Zeitwert von etwa 4–5 Millionen RM darstellen« würden, und leitete daraus im Hinblick auf den Umfang der Zerstörungen in Dresden und die Knappheit an Baustoffen die Notwendigkeit ab, »diese Werte vor weiterem Verfall zu schützen« [1]. Neben diesen handfesten materiellen Tatsachen sprachen gute kulturelle Gründe für den Wiederaufbau der Semperoper. Einer davon war, daß die Oper ein bestimmendes Bauwerk des Theaterplatzes ist und selbst eine beachtenswerte Tradition aufweist. Bereits im Jahre 1755 war hier das Komödienhaus errichtet worden, ein kleines, ungefähr 800 Plätze fassendes Theater. 1841 wurde es durch einen Neubau von Gottfried Semper ersetzt. Dieses »erste« Hoftheater war ein Meilenstein in der Architekturentwicklung des neunzehnten Jahrhunderts, aber schon 1869 fiel es einem Brand zum Opfer. Noch einmal konnte Gottfried Semper, der mittlerweile mit dem Ausbau der Wiener Hofburg beauftragt war, als Architekt gewonnen werden. 1871 bis 1878 errichtete sein Sohn Manfred Semper dieses reife Alterswerk. Als Semperoper bekannt, bestimmte dieses Bauwerk die Form des Theaterplatzes, der als städtebaulicher Raum rasch weltberühmt wurde.

Eben diese städtebauliche Bedeutung ist nach 1945 als Argument für die Erhaltung der Oper sehr nachdrücklich ins Feld geführt worden. Kurt Bärbig verwies darauf, und Richard Konwiarz machte 1946 geltend, daß der »Dresdner Theaterplatz ... für die deutsche Baukunst ein historischer Begriff« sei. Es wäre ein glücklicher Umstand, »daß die Kriegsfurie nicht auch noch diesen Platz total verwüstet« habe. Da er als einziger Platz des Dresdner Stadtzentrums so verblieben wäre, daß er wieder hergestellt werden könne, sei jeder »Eingriff in seine baukünstlerische Substanz« abzulehnen [5].

Schließlich hatte für den Fortbestand des Spätwerkes von Gottfried Semper der Umstand besonderes Gewicht, daß es durch die lange Tradition großer musikalischer Ereignisse im Bewußtsein der Dresdner fest verwurzelt war. Auch darauf hat Konwiarz aufmerksam gemacht. »Das durch die Angriffe im Februar 1945 schwerbeschädigte Dresdner Opernhaus hat seit seiner Eröffnung 1878 Weltgeltung erlangt. Unzählige Uraufführungen haben den Namen Dresdens immer wieder in der Welt ertönen lassen. Die bedeutendsten Opernsänger und Operndirigenten des Kontinents haben hier in diesem Bauwerk von eindeutiger Qualität ihre Triumphe gefeiert. Zweifellos ist der Ruhm Dresdens in der Welt in der Hauptsache mitbegründet worden durch die Dresdner Oper. Es ist im Interesse Dresdens und der deutschen Theaterkunst zu wünschen, daß gerade dieser Kulturbau recht bald wieder die Möglichkeit geben möge, bedeutsame Werke von hervorragenden Kräften dem Volke nahe zu bringen und damit wieder den Ruf Dresdens als führende Welttheaterstadt zu festigen.« [5]

Dieses Plädoyer für das Erhalten der Oper als traditioneller Ort der Musikgeschichte drückte wohl eine allgemeine Haltung zur Semperoper aus, denn schon im September 1946 begannen die Arbeiten zu ihrer Sicherung. Am 16. November 1948 wurden sie allerdings wieder abgebrochen, da der Westgiebel des Bühnenhauses eingestürzt war.

Für das damit noch einmal aktuell gewordene Problem, dieses schwer beschädigte Gebäude zu erhalten, wurde erst dann die Voraussetzung zur Lösung geschaffen, als am 7. Februar 1950 der damalige Minister für Volksbildung im Lande Sachsen, Helmut Holtzhauer, an den Ministerpräsidenten des Landes, Max Seydewitz, den Antrag zur Weiterführung der Sicherungsarbeiten stellte. In einer Pressenachricht in der Sächsischen Volkszeitung vom 9. Februar 1950 gab das Ministerium für Volksbildung dann seine Absicht kund, weitere Sicherungsmaßnahmen am Opernhaus als Voraussetzung zum Wiederaufbau durchführen zu lassen. Holtzhauer hatte sich bei seinem Antrag auf ein Gutachten des Landesamtes für Denkmalpflege gestützt, das bereits den architektonischen Wert der Oper als Begründung für den Wiederaufbau anführte. Es bezeichnete das Bauwerk »in seiner architektonischen Gestaltung und städtebaulichen Eingliederung als charakteristische ausgereifte Leistung des neunzehnten Jahrhunderts« [15, 228f.]. Damit war das letzte Argument für die Oper ins Spiel gebracht, eben der *architektonische* Wert des Bauwerkes selbst. Er sollte in der weiteren Diskussion zum wichtigsten Kriterium werden.

So war die Oper in vielfältiger Weise mit dem Heimatbewußtsein der Bevölkerung verbunden. Selbst noch als Ruine war sie ein Stück Dresden. Und diese Bedeutung der Oper für die kulturelle Identität der Dresdner hat schließlich den Ausschlag dafür gegeben, daß die Ruine nicht abgebrochen wurde. Als dann im Jahre 1953 die nötigen Mittel vorhanden waren, konnten die umfassenden Sicherungsarbeiten zügig in Angriff genommen werden. Sie wurden durch gewichtige Spenden der Bevölkerung unterstützt.

Die Frage aber, in welcher Form der endgültige Wiederaufbau erfolgen müßte, blieb vorläufig offen.

Modernes Theater und Baudenkmal

Der Ruf, den Gottfried Semper als guter Architekt schon zu seinen Lebzeiten genossen hat, gründete sich auf seine meisterhafte Behandlung der Form. Seine eindrucksvollen architektonischen Kompositionen waren nicht nur künstlerische Gestaltungen, sondern auch zweckmäßig zugleich, funktionell richtig. Darauf wiederum beruhte die Wertschätzung, die Semper selbst dann noch gezollt wurde, als das Verwenden historischer Formen als überflüssig und daher kritikwürdig angesehen wurde.

Zu dieser Wertschätzung trug nicht zuletzt das Dresdner Theater bei. Sein städtebaulich so wirkungsvoller Baukörper hat einen logischen räumlichen Aufbau, der in Grundform und Anordnung der Räume geradezu als Prototyp für Theaterbauten gelten kann. Er gewährleistet eine sichere, übersichtliche und auch eindrucksvolle Führung der Besucher zum Zuschauerraum und ist ebensogut als architektonischer Rahmen für die gesellige Begegnung in den Theaterpausen geeignet. Vor allem aber bietet die Gestaltung des Zuschauerraumes dem Theaterspiel und der Oper beste akustische Bedingungen.

Semperoper. 1871–1878.
Entworfen von Gottfried Semper.
Ausgeführt von Manfred Semper.
Ansicht vom Theaterplatz

Erstes Hoftheater. 1838–1841. Gottfried Semper.
Perspektive im Rahmen des Forumsprojektes
von 1842

Erstes Hoftheater. 1838–1841. Nach dem Brand vom 21. 9. 1869. Fotografie Hermann Krone

Theaterplatz mit Semperoper
und Hotel Bellevue. Blick vom Schloßturm.
Fotografie Möbius. 1937

Porträt Gottfried Semper.
Lithographie von Franz Hanfstaengl. 1848

Semperoper. 1871–1878.
Blick in den Zuschauerraum. Zeichnung
von Gottlob Theuerkauf. 1878

Semperoper. 1871–1878. Zustand 4. 12. 1950.
Blick von der Hofkirche

Semperoper. 1871–1878.
Blick auf Ruinenteile
von Zuschauerraum und
Bühnenhaus auf der
Elbseite.
Zustand 4.12.1950

Diesen zweckmäßigen Raumorganismus hatte Semper in Formen verwirklicht, die der antiken Tradition verpflichtet sind und in erster Linie Vorbildern aus der italienischen Renaissance folgen. Sie überspielen die Oberfläche der baulichen Struktur und sind im Inneren des Gebäudes vorwiegend aus Stuck gebildet, der auf die raumfassenden Mauern und Decken aufgetragen ist. Der historisierende Überzug hatte – so wurde es lange Zeit verstanden – einzig und allein die geistigen Ansprüche zu erfüllen, die das Publikum zu Sempers Zeit an sein Theater stellte: Ein reiches, dekoratives und festliches Kleid historischer Formen hatte die Idealität humanistischer Gedankenwelt zu verdeutlichen und zugleich dem kulturellen Geschehen einen repräsentativen, aus der Alltäglichkeit heraushebenden Rahmen zu geben.

Diese Ansprüche waren seit der Jahrhundertwende immer mehr verblaßt. Dadurch hatte auch die historisierende Bekleidung allmählich ihre geistige Funktion eingebüßt. Ja mehr noch, sie war direkt überflüssig geworden, denn die moderne Architekturauffassung hatte alles Dekorationswerk verdammt und an seiner Stelle die geometrisch definierte »reine« Körper- und Raumform als ästhetisches Ideal durchgesetzt.

Von diesem Standpunkt her war es folglich durchaus denkbar, wenn nicht gar wünschenswert, beim Wiederaufbau der Oper das historische Kleid im Inneren gegen eine moderne Fassung auszutauschen, zumal da es dadurch möglich schien, die gültige räumliche Struktur der Oper in ihrer überzeugenden Funktionalität und klaren geometrischen Gestalt erst richtig zur Wirkung zu bringen.

Innerhalb dieses nach wie vor brauchbaren räumlichen Gefüges gab es jedoch auch Teile, für die bereits vor der Zerstörung Änderungswünsche geäußert worden waren. Sie entsprangen weniger einfachen »Fehlern«, die Semper beim Entwurf der Oper eventuell unterlaufen sein konnten, sie ergaben sich vielmehr aus der raschen technischen Weiterentwicklung des Theaterspiels. Schon zwischen 1909 und 1912 erfolgte ein durchgreifender Umbau der Theatermaschinerie, der auch gewisse räumliche Konsequenzen für den Bühnenbereich hatte. Spätestens in den dreißiger Jahren genügte dann der gesamte Bühnenteil den Anforderungen des modernen Theaters nicht mehr, denn Semper hatte eine relativ einfache Kulissenbühne ohne die heute üblichen großen Seiten- und Hinterbühnen gebaut. Die Garderoben für die Schauspieler stimmten nicht mehr mit deren rasch gestiegenen Ansprüchen überein. Wichtige Probeäume fehlten ebenfalls. Zwar hatte Semper in seinem ursprünglichen Projekt über den seitlichen Vorfahrtshallen zwei kleinere Säle für solche Zwecke vorgesehen, sie waren jedoch gestrichen worden, um die Baukosten zu senken. Alle diese im Laufe der Zeit aufgetretenen Mängel sollte ein Anbau an das Bühnenhaus beheben, der im Jahre 1939 von Wilhelm Kreis begonnen, aber während des zweiten Weltkrieges nicht weitergeführt worden war.

Schwergewichtsverlagerungen in der gesellschaftlichen Funktion des Theaters stellten bald auch an den Zuschauerraum neue Ansprüche. Seinem Auftrag entsprechend, ein Hoftheater zu bauen, hatte Gottfried Semper für den Zuschauerraum das dafür übliche Rangsystem gewählt. Diese vier übereinanderliegenden und hufeisenförmig gekrümmten Ränge hatte er in einen größeren Raum hineingestellt, der in seiner Grundform auch die äußere Erscheinung des Theaters bestimmt. Nur eine als »fünfter Rang« bezeichnete Fortführung des vierten Ranges hinter einer ihn abschließenden Arkade bis an die Außenwand heran folgt der eigentlichen Grundform des primären Raumes. Dadurch wird noch der Eindruck betont, daß die vier Ränge eine sekundäre, gleichsam als Ausstattung zu betrachtende Form seien. Das sollte nach 1945 der Ansatzpunkt für Überlegungen sein, den Zuschauerraum in weit vom Original abweichender Form zu gestalten. Zunächst wurde aber erst einmal versucht, den Benutzern des »fünften Ranges« entgegenzukommen. Sie sollten nicht mehr länger »Zaungäste« mit ungenügenden Sichtmöglichkeiten auf die Bühne sein. Deshalb wurden im Zusammenhang mit den Umbauarbeiten vor dem ersten Weltkrieg die sichtbehindernden Arkaden aufgeweitet und die Sitzreihen verändert.

Nach 1945 schienen dann wesentlich größere Veränderungen durchführbar geworden zu sein, denn Bühne und Zuschauerraum waren so weit zerstört, daß ehemals durch die originale bauliche Struktur gegebene Bindungen fast gegenstandslos geworden waren. Aus diesem Grunde hatte Kurt Bärbig Möglichkeiten gesehen, »das alte unzeitgemäße Logentheater zu einem Volkstheater, ja zu einem Kulturinstitut des Volkes mit seinen neuzeitlichen und zukunftweisenden Forderungen weitreichender Art um- und auszubauen« [1]. Auch Richard Konwiarz hatte gefordert, daß »im inneren Ausbau auch einiges im Sinne einer zeitgebundenen Benutzweise anders als vorher erstellt werden« müsse, und präzisierend hinzugefügt, das gälte vornehmlich für die »für unsere Zeit zu aufwendigen Repräsentationsräume und ... die Bühnenanlage« [5].

Die Treppenhäuser, Foyers und die für den Theaterplatz wichtige äußere Erscheinung des Gebäudes waren dagegen weniger beschädigt und außerdem nach wie vor geeignet, die an sie zu stellenden praktischen Anforderungen zu erfüllen. Es lag daher nahe, sie wieder herzustellen. Allerdings wurde diese Möglichkeit zunächst nur für die dem Theaterplatz zugewandten Fassadenteile voll wahrgenommen. Der Entwurf, der noch während der Sicherungsarbeiten im Jahre 1954 vom Kollektiv Patitz des ehemaligen Entwurfsbüros für Hochbau Dresden erarbeitet wurde, sah, vom Kreisschen Erweiterungsprojekt ausgehend, eine Neugestaltung des Zuschauerraumes und auch Veränderungen im Treppen- und Foyerbereich vor. Der Prämisse, daß der eigentliche Wert des Bauwerkes in seiner städtebaulichen Funktion begründet sei, entsprach es, daß in diesem Projekt nur die Ansicht vom Theaterplatz her unberührt gelassen wurde.

All das läßt erkennen, daß die ersten Vorstellungen zum Wiederaufbau der Semperoper von einem recht souveränen Verhalten zum ursprünglichen Bau geprägt waren. Trotzdem darf nicht übersehen werden, daß es auch damals schon darum ging, erhaltenswertes Sempersches Erbe mit neuen Bauwerksteilen, die auf die Erfüllung moderner Ansprüche ausgerichtet sein sollten, zu einer neuen architektonischen Einheit zu führen. Die Schwierigkeit dieser Aufgabe ergab sich daraus, daß modernes Theater einerseits und Baudenkmal andererseits sehr unterschiedliche und manchmal einander ausschließende geistige und praktische Ausgangsbedingungen stellten oder zu stellen schienen.

Das zeigte sich auch, als Mitte der sechziger Jahre die Ziele des Wiederaufbaus noch einmal präzisiert wurden. Die funktionellen Anforderungen waren nicht kleiner geworden, und auch die anderen Spielstätten Dresdens meldeten berechtigte Wünsche nach Erweiterung ihrer technischen Basis an. Um diesen gewachsenen Bedarf zu befriedigen, wurde im Auftrag des Ministeriums für Kultur vom Institut für Technologie kultureller Einrichtungen Berlin im Frühjahr 1965 eine weitreichende Konzeption erarbeitet. Sie sah vor, ein »Theatervorbereitungskombinat« in der Nähe der Semperoper und des Großen Hauses des Staatsschauspiels Dresden für alle Dresdner Theater zu errichten und die Semperoper selbst als Vorstellungshaus mit den nötigen Veränderungen in Bühnenbereich und Zuschauerraum aufzubauen.

Nach diesem Entwurf, der bis zum November 1966 in der Dresdner Außenstelle des Instituts von Klaus Wever, Dieter Schölzel und Peter Albert überarbeitet worden war, sollte die Spielbühne der Semperoper von zwei Seitenbühnen und einer geräumigen Hinterbühne gefaßt werden. Die Hinterbühne wurde von U-förmig angeordneten Garderobe- und Technikräumen umrahmt. Diese Erweiterung erforderte nicht nur, daß die Oper nach hinten verlängert wurde, auch die Frontwände jener Trakte, die sich seitlich an den Bühnenturm anlehnten, mußten herausgerückt werden.

Der gestalterische Grundgedanke des Entwurfs enthielt eine eindeutige Entscheidung für die noch erhaltenen Teile des Zuschauerhauses. Die vom Theaterplatz her zu sehenden Bauwerkspartien und die Foyerräume sollten denkmalpflegerisch restauriert und dem modern auszubauenden Zuschauerraum kontrastierend gegenübergestellt werden. Allerdings sollte auch insofern eine gewisse Angleichung an den Semperschen Zuschauerraum vorgenommen werden, als doch ein Rangtheater angestrebt wurde – aber mit nicht mehr als drei Rängen. Diese Reduktion entsprang der Überzeugung, daß nur auf diese Weise den neuen Ansprüchen an das Theaterspiel, vor allem aber der Verpflichtung gegenüber der eigenen Zeit entsprochen werden könnte.

Die Absicht, die neu zu bauenden Teile der Semperoper in gestalterischem Kontrast zu den erhaltenen Bauwerksteilen auszuführen, steht auch heute nicht im Widerspruch zu den modernen Auffassungen der

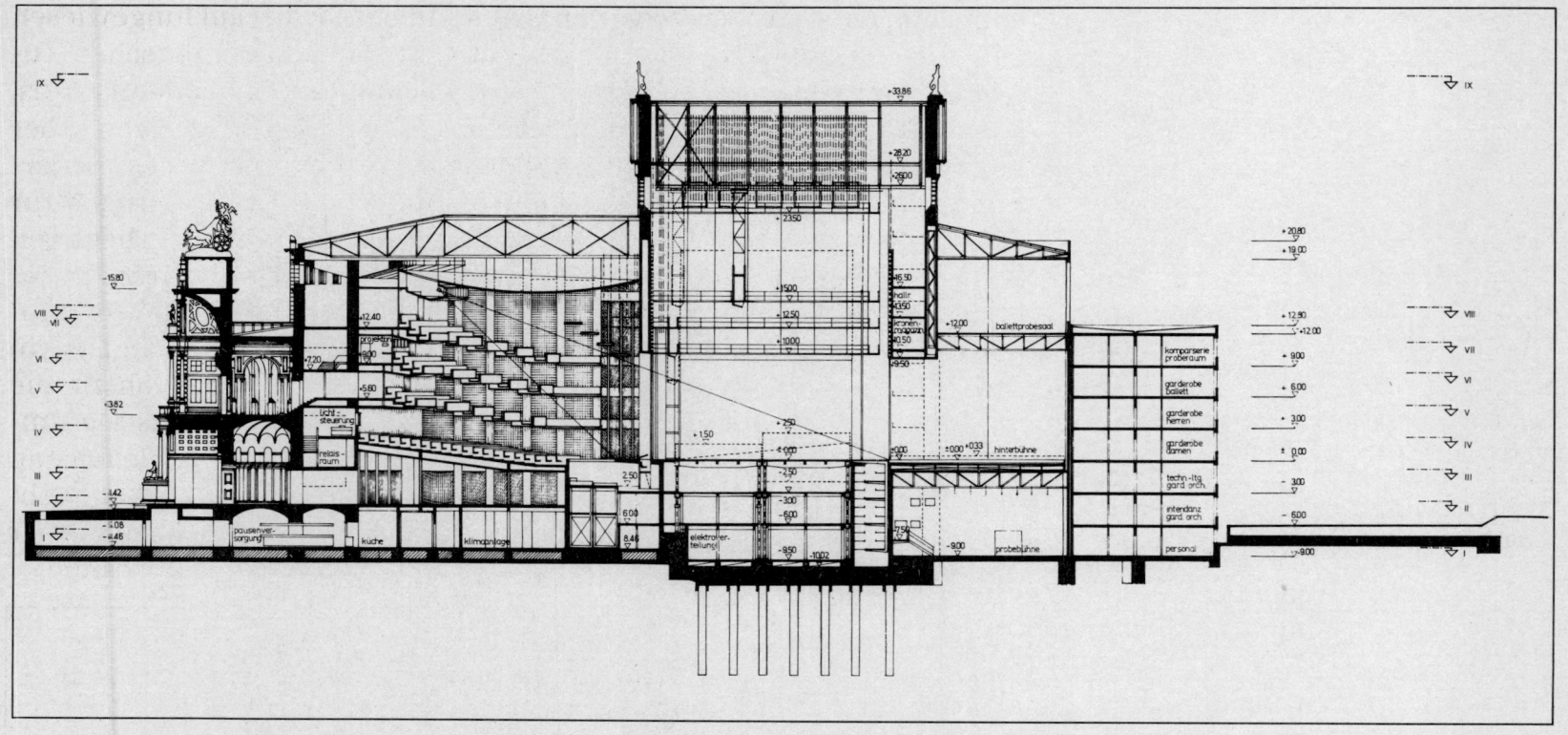

Semperoper. Wiederaufbauentwurf 1966.
Institut für Technologie kultureller
Einrichtungen.
Klaus Wever, Dieter Schölzel, Peter Albert.
Längsschnitt. November 1966

Denkmalpflege. Noch weniger bildete sie damals einen Gegensatz dazu, denn 1964 hatten Denkmalpfleger aus aller Welt die Leitgedanken ihrer Arbeit in der Charta von Venedig zusammengefaßt und erklärt, daß notwendige Ergänzungen zu einem Baudenkmal der jeweils modernen Formauffassung zu folgen hätten.

Es sei dahingestellt, inwiefern dieser Grundsatz der Selbstsicherheit der funktionalistischen Doktrin in jener Zeit entsprang. Er wurde jedenfalls zum Leitgedanken eines 1967 durchgeführten Architekturwettbewerbs für die Gestaltung des Zuschauerraumes und der Bühnenerweiterung gemacht. Der Wettbewerb brachte zwar kein allseitig befriedigendes Ergebnis, aber er bestärkte doch die Jury und den Auftraggeber in ihrer Absicht, einen spannungsvollen Kontrast zwischen den zu restaurierenden Foyers und Treppenhallen einerseits und dem modernen Zuschauerraum andererseits zu schaffen. Dabei bestand volle Einigkeit darüber, daß der »moderne Zuschauerraum ... eine Steigerung der historischen Foyers und der Treppen ergeben« müßte [16]. Dazu gehörten nicht zuletzt gute Sichtbedingungen und eine tadelsfreie Akustik.

In den darauffolgenden Jahren bis 1971 wurden nun Versuche unternommen, diese gewollte Gegensätzlichkeit gestalterisch zu bewältigen, aber gerade die Akustik war es, die wesentliche Gründe dafür lieferte, auch den Zuschauerraum historisch getreu wieder aufzubauen. Alle Berechnungen und Modellmessungen zeigten nämlich, daß die akustische Qualität des Semperschen Zuschauerraumes nicht überboten, ja desto weniger erreicht werden konnte, je weiter man sich von seiner Form entfernte. Es ist das Verdienst von Walter Reichardt, darauf hingewiesen zu haben. Voraussetzungen für die gute Akustik des Semperschen Zuschauerraumes waren unter anderem scheinbar nur formale Details, wie etwa die sogenannten Muscheln unter den Rangbrüstungen. Aber nicht nur diese, sondern auch die architektonische Fassung des Vorderbühnenbereiches, ja die gesamte Durchbildung des Raumes trugen zur guten akustischen Qualität bei. Obwohl Semper all das nicht im heutigen Sinne berechnet haben kann, hatte er es doch bewußt eingesetzt.

Parallel zu den akustischen Erkenntnissen wuchs auch das Verständnis für Sempers Architektur. Es schlug sich in den Jahren 1974 und 1975 in den Entwürfen des Institutes für Kulturbauten nieder, die sowohl für die Veränderungen im Bühnenbereich als auch für den – allerdings noch immer mit drei Rängen gedachten – Zuschauerraum eine Angleichung an die originale Sempersche Fassung anstrebten. Damit war der Weg geebnet, doch noch einmal den in den sechziger Jahren als unzumutbar

22, 23

Semperoper. Wiederaufbauentwurf 1966.
Institut für Technologie kultureller Einrichtungen.
Klaus Wever, Dieter Schölzel, Peter Albert.
Grundriß. November 1966

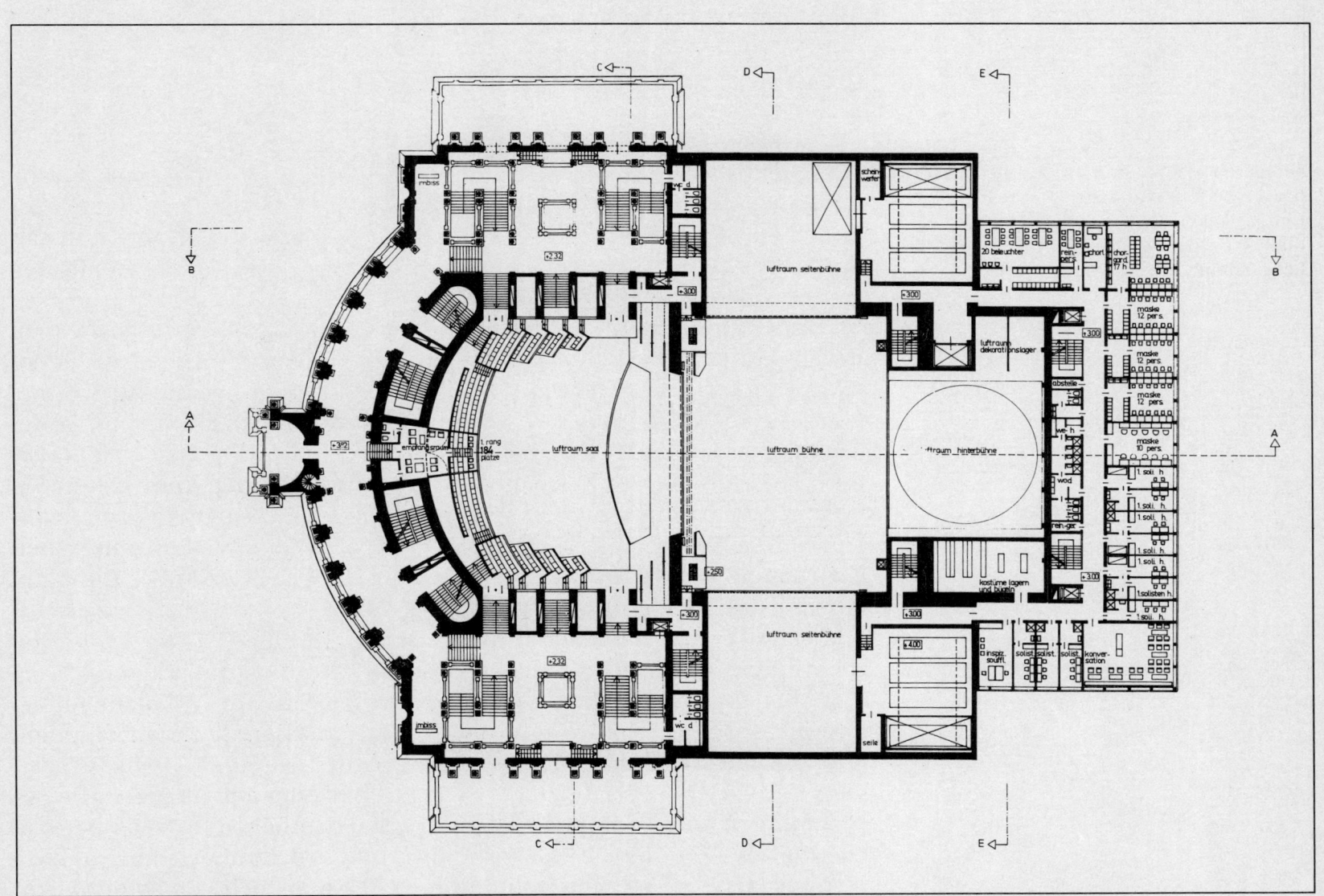

verworfenen vierten Rang in die Betrachtungen einzubeziehen, um dann auch so konsequent wie möglich den Raum Sempers zu rekonstruieren. Darüber hinaus zeigte sich in der letzten Bearbeitungsperiode des Wiederaufbauprojektes, daß die Raumforderungen im Bühnenbereich nicht in dem 1965 abgesteckten Rahmen zu halten waren, so daß doch wieder mit umfangreicheren Anbauten gerechnet werden mußte.

Die Lösung des Problems, alle im Bühnenbereich nötigen Erweiterungen ohne Zwang und Kompromisse in Bühnennähe unterzubringen und doch den ursprünglichen Baukörper so weit wie möglich zu respektieren, hatte eine 1969 veröffentlichte Studie von Peter Prohl [7] angeboten. Sie brachte alle nicht unmittelbar mit der Bühne zusammenhängenden Räume in zwei selbständigen Bauten unter, die durch Übergänge mit dem Semperbau verbunden werden sollten.

Das endgültige Projekt, das vom Entwurfskollektiv Semperoper unter der Leitung von Chefarchitekt Wolfgang Hänsch erarbeitet wurde, konnte, diesem Weg gesonderter Ergänzungsbauten folgend, die weitgehende Erhaltung der Semperschen Baukörperform ermöglichen.

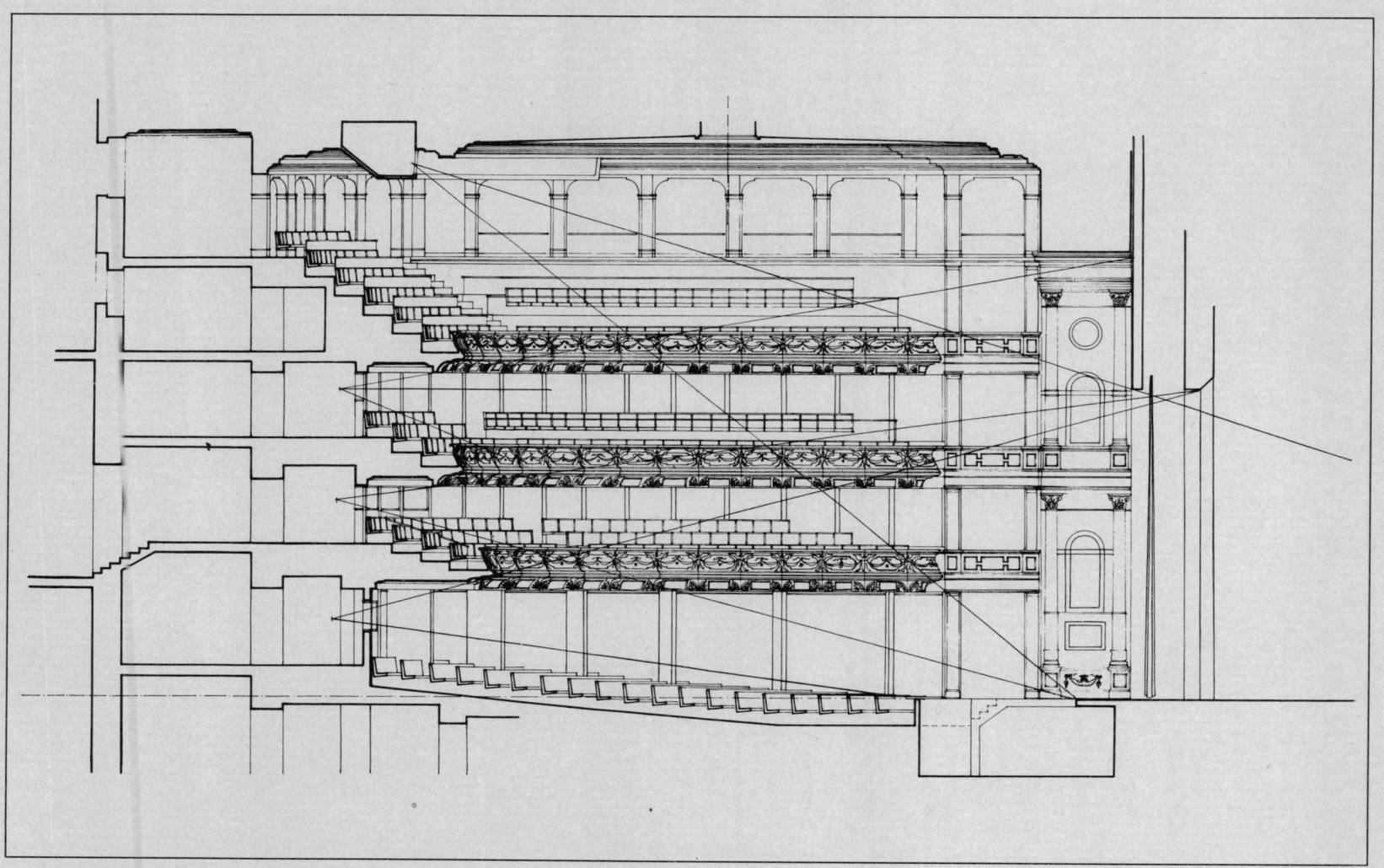

Semperoper. Wiederaufbauentwurf 1975.
Institut für Kulturbauten.
Dieter Schölzel, Peter Albert.
Längsschnitt. Juni 1975

Auch im Inneren wurde nun im Interesse der künstlerischen Einheit Sempers Formensprache aufgenommen. Es hatte sich – wie Wolfgang Hänsch 1978 berichtete – die Einsicht durchgesetzt, »daß sich das anspruchsvolle Bauwerk Sempers ... weder mit der Sachlichkeit gegenwärtiger architektonischer Ausdrucksmittel noch mit historisierenden Methoden zu einer neuen harmonischen Geschlossenheit führen läßt« [3, 15].

Es liegt wiederum nahe, auch diesen Wandel in engem Zusammenhang mit der allgemeinen Änderung des architektonischen Geschmacks zu sehen, denn die in den siebziger Jahren rasch wachsende Kritik an der modernen Architektur richtete sich in erster Linie gegen ihr Grundpostulat der einfachen geometrischen Form und war mit einer deutlichen Aufwertung der Architektur des neunzehnten Jahrhunderts verbunden. So logisch dieser Mechanismus ist und so wahrscheinlich sein Wirken vorausgesetzt werden darf, so wenig ist allein der Hinweis auf ihn geeignet, zum Verständnis der Semperschen Formensprache zu führen und ihre von Wolfgang Hänsch hervorgehobene Qualität zu begrei-

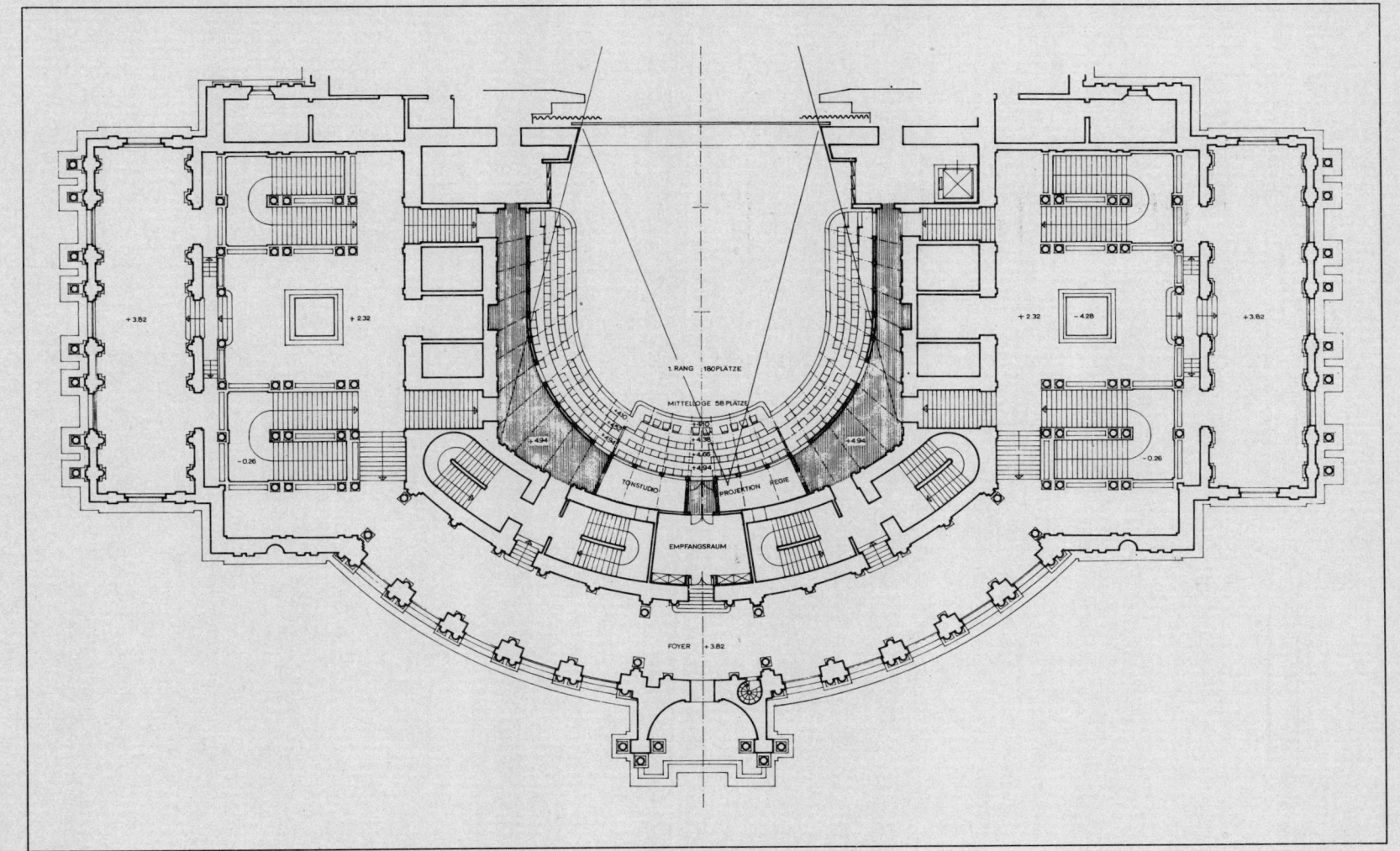

Semperoper. Wiederaufbauentwurf 1975.
Institut für Kulturbauten.
Dieter Schölzel, Peter Albert.
Grundriß 1. Rang. April 1975

fen. Dazu ist es vielmehr notwendig, gerade das Moment der architektonischen Form in den Mittelpunkt der Betrachtungen zu rücken, das nach dem Formverständnis der modernen Architektur als das äußerlichste erscheint, eben die schmückende, historische Vorbilder nachahmende »Verkleidung« einer durch Zweckmäßigkeitsforderungen geprägten Grundform.

Form und Bedeutung Gottfried Semper sah es als Ziel des architektonischen Gestaltens an, eine Form zu schaffen, die allgemein faßlichen und menschlich wichtigen Bedeutungsgehalt besitzt und zugleich alle praktischen Anforderungen erfüllt. Dabei dürfe diese Zweckmäßigkeit aber nicht als charakteristische Eigenheit der Form erscheinen, sondern müsse in der künstlerischen Qualität der Form aufgehoben sein. Umfassende Bedeutung und damit den Rang des Kunstwerkes erhielten Bauwerke nach Sempers Auffassung vor allem dann, wenn ihre praktisch bedingte bauliche Struktur mit entsprechenden bedeutungsvermittelnden Formen bekleidet würde.

Diesen Zusammenhang von Kunst und sinngebenden Attributen hatte Semper schon 1834 betont. »Gemeinschaftlich wurden die Künste geboren«, so hatte er geschrieben, »als man anfing, die ersten rohen Behausungen ... auszuschmücken.« Dies sei sehr früh geschehen, »denn zu den ersten Bedürfnissen der jugendlichen Menschheit« gehöre »das Spiel und der Schmuck« [10, 223]. Auch die Entstehung der Formen antiker Tempel erklärte Semper aus dem Schmuckbedürfnis. »Rohe Konstruktionen wurden einem veredelten Zwecke, zum Beispiel dem Kultus geweiht. Verzierungen von bestimmter religiöser Bedeutung (nicht immer Bezeichnung) wurden passend an den Außenwänden und im Innern des Heiligtums befestigt: aufgehängte Blumen, Fruchtknoten und Zweige, Opfergeräte, Waffen, Überreste der Schlachtopfer und andere mystische Zeichen. Mit der Ausbildung des Kultus und bei zugleich mit ihm erwachsendem Kunstsinn« seien dann »die Sinnbilder typisch festgesetzt« und auf diese Weise »nicht mehr bloß natürlich roh angeheftet, sondern bildlich dargestellt, und somit als charakteristischer Teil des Monumentes demselben einverleibt« worden [10, 241].

Die 1834 schon recht deutlich formulierte These, daß sich im Gebrauch der Schmuckelemente für bestimmte Zwecke eine feste Relation zwischen einer konkreten Schmuckform einerseits und einer begrifflich faßbaren Bedeutung andererseits ausgebildet hätte, führte Semper später in seiner Bekleidungstheorie weiter aus. In seinem Hauptwerk »Der Stil« brachte er das Bekleidungsprinzip als künstlerisches Prinzip mit dem Maskieren in Verbindung. Er spielte dabei offenbar auf den Ursprung des griechischen Theaters an, der in den Feiern zu Ehren des Gottes Dionysos und dem dabei üblichen Maskieren als Weg zum Überwinden und Verlassen der Realität zu suchen ist. Er meinte, »das *Beklei-*

den und *Maskiren* sei so alt, wie die menschliche Civilisation, und die Freude an beidem sei mit der Freude an demjenigen Thun, was die Menschen zu Bildnern, Malern, Architekten, Dichtern, Musikern, Dramatikern, kurz zu Künstlern machte, identisch. Jedes Kunstschaffen einerseits, jeder Kunstgenuß andrerseits« setze »eine gewisse Faschingslaune voraus ... Vernichtung der Realität, des Stofflichen« sei »nothwendig, wo die Form als bedeutungsvolles Symbol als selbständige Schöpfung des Menschen hervortreten soll« [11, 216f.].

Es liegt auf der Hand, daß wohl kaum eine andere Bauaufgabe als das Theater geeigneter war, diese Überzeugung vom Zusammenhang der Kunst mit dem Maskieren als Form der Verwandlung der Realität in eine Welt des idealen Scheins zu verwirklichen.

9 Von außen ist das Dresdner Theater ohne jede Einschränkung als Werksteinbau zu erkennen. Seine Stofflichkeit ist nicht verdeckt, sondern durch die dem Werkstein gemäße Bearbeitung sogar hervorgehoben. Zugleich aber dient die Art der Behandlung dazu, unterschiedliche Bedeutungen zu vermitteln. Im unteren Geschoß ist die mühevolle Bearbeitung des Stoffes gleichsam noch unvollendet. Nur das Portal der Exedra hat seine nicht mehr weiter zu verfeinernde, also »fertige« Form erhalten. In den anderen Partien des Erdgeschosses sind lediglich die Basen und Kapitelle der Doppelpilaster aus dem »unfertigen« Zustand des Bossenmauerwerkes »befreit«. Das obere Geschoß ist dagegen vollständig ausgearbeitet. Die Bossierung ist auf die Ecken der Bauwerksteile beschränkt und dient in dieser Verwendung dazu, den Eindruck der Festigkeit zu verstärken.

Die Formen der Architekturglieder sind der Antike entlehnt, weil das Theater der Antike entstammt und im allgemeinen Bewußtsein auch mit ihr verbunden ist. Das struktive Gerüst des Obergeschosses, das durch die korinthische Säulenordnung gebildet wird, ist mit Schmuckgliedern geziert, die zwischen den Kapitellen der Säulen in der Frieszone der zurückliegenden Wand angeordnet sind. Die Form dieser Schmuckglieder reflektiert jene Dinge, mit denen in alter Zeit nach Sempers Vorstellung einfache Gebäude geschmückt und dadurch aus der Alltäglichkeit herausgehoben worden waren: Blumen- und Fruchtgehänge, Waffen und Opfertierreste. Auf diese Weise stellte Semper sein modernes Bauwerk in bedeutungsvolle geschichtliche Tradition.

Die durch Fugenschnitt und Oberflächenbearbeitung betonte Erkennbarkeit des Materials prägt alle Ansichtsflächen der Oper – mit einer Ausnahme: Die Nische der Exedra ist farbig behandelt. Das Material und die Farben deuten das Innere der Oper an, nämlich die festliche Architektur der oberen Foyers und des Zuschauerraumes. Da diese Nische der königlichen Galaloge zugeordnet ist, liegt natürlich ihre gestalterische Auszeichnung nahe. Zugleich aber darf nicht übersehen werden, daß Semper damit auch auf das Programm des Theaterinnenraumes anspielt und vorbereitet: Unter dem Symbol des Dramas – der Pantherquadriga des Dionysos –, das die Exedra bekrönt, ist das realitätsverändernde Prinzip, von dem das Reich dieses Gottes beherrscht wird, das Maskieren, durch die Marmorverkleidung und das Mosaik verdeutlicht. In ihrem Kontrast zur Werksteinstruktur der übrigen Fassadenpartien wirkt diese Verkleidung besonders demonstrativ. Die Themen der drei Bildmedaillons im Gewölbe der Exedra mit den Grazien, Apollo und Marsyas weisen auf den ästhetischen und zugleich dramatischen Charakter des Theaterspiels hin.

Gleichen unterstreichenden und erklärenden Sinn hat der gesamte plastische Schmuck des Außenbaus. Die Attikazone der Exedra schmücken Vollplastiken von Terpsichore, Thalia, Melpomene und Polyhymnia, Musen, die dem Theater direkt zuzuordnen sind. Die Plastiken auf den Freisäulen vor den seitlichen Vestibülen des ersten Obergeschosses verkörpern Charaktere des antiken Theaters auf der Elbseite und solche des modernen Theaters auf der Zwingerseite. Semper hatte sich für diese konkrete Thematik ausgesprochen, weil sie »die Gefahr der zu sehr sich häufenden Allegorien« vermeiden würde und »allgemein verständlich« bliebe [9, 2.].

Die übrigen Plastiken der Eingangsfront sind großen Dichtern gewidmet. Links und rechts neben dem Mittelportal sind Sitzfiguren von Goethe und Schiller angeordnet. Die vier Statuen in den Nischen der Fronten der Treppenvestibüle stammen noch vom ersten Theater Gottfried Sempers und stellen Sophokles und Shakespeare sowie Euripides und Molière dar. Die Thematik des äußeren bildnerischen Schmuckes findet im Inneren ihre Entsprechung.

Architektonisch ist jedoch das Innere völlig anders als das Äußere behandelt. Das konstruktive Material, der Stein, ist verdeckt. Es herrscht das »Kleid« – und wie uneingeschränkt, das ist an einem kleinen Detail besonders deutlich zu erkennen: Semper hatte verlangt, sogar die Sandsteinstufen der Treppenaufgänge mit Ölfarbe zu streichen. Das untere Rundfoyer ist bis in Türhöhe mit dunklem Eichenholz ausgetäfelt. Das darüber frei bleibende kurze Wandteil und das Gewölbe sind hell gefaßt sowie mit flacher architektonischer Gliederung und ornamentaler Malerei zurückhaltend dekoriert. Die Täfelung ist eine Imitation, denn sie ist aus Stuck mit aufgemalter Holzstruktur ausgeführt. Semper selbst hatte es freigestellt, ob diese Imitation oder echtes Material angewendet werden sollte. Auch in den übrigen Räumen hat er keine Materialtreue verlangt. Ihm genügte der Stuck, »mit dem sich alles machen läßt« [9, 1.]. Nur die Vergoldung hatte echt zu sein [9, 3.]. Der Schein reichte aus, aber nicht als billiger Ersatz für prahlerischen Reichtum, sondern zur Verwirklichung eines sehr gut überlegten Programms. Die Materialimitation erlaubte genaueste Abstimmung der Farben und der »Materialstruktur«. Lange wurde nach Proben von Cipollino-Marmor gesucht, um einen möglichst originalen Eindruck zu erreichen. Zugleich aber riet

Gottfried Semper, die Bänderung des danach gestalteten Kunstmarmors enger zu wählen, um sie dem Maßstab der Säulen im oberen Vestibül anzupassen [9, 4.].

234, 235   Das Festlich-Helle des oberen Rundfoyers und der Seitenfoyers, ihre reichen Architekturformen in Marmor und Stuck, das entsprechende Schmuck- und Bildprogramm bereiten nach der dunkleren, in einfacherem Material gehaltenen Einstimmung der Erdgeschoßräume unmittelbar auf den Zuschauerraum vor. Im oberen Rundfoyer wurden nach Sempers Vorstellungen alle tragenden oder doch konstruktiv notwendig erscheinenden Teile, wie etwa die Piedestale der Säulen, diese selbst und ihr Gebälk – mit Ausnahme der dekorierten Frieszone –, in geädertem weißem Marmor ausgeführt und mit sparsamem Goldschmuck gehöht. Die Gurtbögen und Kappen im Treppenvestibül, ebenso die gliedernden Elemente der Kassettendecke des Rundfoyers sind mit plastischen oder gemalten Ornamenten und fassender Vergoldung geschmückt. Der flächenhafte Charakter der wandbildenden Teile wird durch die Nachahmung antiker Marmorinkrustationen, Arabeskenmalereien oder Bilder betont, die in unterschiedlicher Technik und Farbigkeit ausgeführt sind. Sie erscheinen als »Auskleidungen«, die zwischen die Glieder eines tragenden Gerüstes gespannt sind. Dadurch, daß die Wandfelder der Gewölbe in den oberen Vestibülen mit Landschaftsszenen aus antiken und modernen Dramen ausgefüllt sind – also gleichsam Ausblick ins »Freie« gewähren –, wird diese ästhetische Differenzierung der baulichen Struktur noch verstärkt.

216, 236

217, 220

14   Für den Zuschauerraum ist die architektonische Verdeutlichung der
238, 239   Polarität zwischen Schauspieler und Zuschauer entscheidend. Zur Gestaltung von Bühnenportal und Proszeniumslogen setzte Semper ein festes tektonisch akzentuiertes Gefüge antiker Säulenordnungen ein, das auch die Anordnung der symbolischen Figuren in dieser Zone bestimmt und zugleich auf antike Formen der Szenenfassung verweist. Im Scheitel des Zuschauerrunds, der Bühne direkt gegenüberliegend, befindet sich die Galaloge. Sie wird von korinthischen Säulen mit reichem Detail und vergoldeten Basen und Kapitellen gerahmt und nimmt die Höhe zweier Ranggeschosse ein. Ihre mittlere Achse ist – das römische Triumphbogenmotiv variierend – von zwei schmaleren Nebenachsen gefaßt. Zwischen diesen Polen – der Galaloge und dem Proszenium – schwingen die vier Ränge mit festlicher Leichtigkeit. Ihre »Verkleidungen« prägen zusammen mit dem den Raum überspannenden Plafond den Raumeindruck in hohem Maße. Natürlich werden auch die vorkragenden Ränge durch Architekturglieder getragen, deren Gestaltung ihre Tragfunktion ausspricht. Aber sie sind so angeordnet und durchgebildet, daß sie das Bild nicht entscheidend beeinflussen.

Es ist bemerkenswert, daß Semper nun nicht mehr den Schein von festem und edlem Material zu erzeugen suchte, sondern auf die farbige Fläche mit plastischen Schmuckformen zurückgegriffen hat. In Anlehnung an uralte Motive werden die Felder der Rangbrüstungen und ihre unterteilenden Elemente von Blattgewinden, Blumengehängen, Bändern und Medaillons mit Reliefbildnissen überspielt und vermitteln so den Eindruck eines festlichen dekorativen »Kleides«. Ja, selbst die Säulen sind »bekleidet«. Noch im Foyer ist der kostbare Stoff, aus dem die Säulen geformt erscheinen, deutlich als Marmor sichtbar gemacht. Im Zuschauerraum dagegen sind die Säulen – wie in der Antike – mit feinem Farbüberzug versehen und so in ihrer »Stofflichkeit vernichtet«, in »reine Kunstsymbole« verwandelt. Den Höhepunkt dieser Umwertung stellt wohl der Plafond dar. Seine Gestaltung mit dem kräftigen fassenden Randprofil und den unterteilenden ornamentalen Streifen erweckt – so wie Semper es theoretisch forderte – bestimmte Assoziationen mit konstruktiven Prinzipien der Raumbedeckung, etwa mit einer durch Rippen gegliederten Kuppel. Aber es fällt ausgesprochen schwer, sich vorzustellen, wie und womit der Raum tatsächlich überdeckt ist und welch großer bautechnischer Aufwand damit verbunden war: Die Raumdecke ist »reine« Kunstform – dazu bestimmt, zusammen mit der reich durchgebildeten, in ihrem goldenen Glanz scheinbar schwerelosen Lichtkrone in ihrer Mitte, das ganze bedeutungsvolle Dekorationswerk des Raumes zu beherrschen.

Semper hat offenbar mit dem in der Tribuna angedeuteten Bekleidungsprinzip ernst gemacht und es dabei darauf angelegt, eine gleichsam dionysische Heiterkeit zu erreichen. Und es ist ihm gelungen. Die Farbgebung, »lichtes Meergrün in Verbindung mit Weiß und sehr decent benutztem Gold«, war »vor der Vollendung ... als geschmacklos, nüchtern, mindestens als gewagt bespöttelt und bemäkelt« worden, schrieb Richard Steche, »und wie zwingend wird jetzt Jeder in den Bann ihrer berauschenden Wirkung gezogen. Diese Wirkung ist geradezu elektrisch, wir tauchen unter in ein Medium heiterer Befriedigung, wahrhaft festlicher ethischer Stimmung. Unterstützt von der vortrefflichen umfassenden Beleuchtung flimmert und wallt diese durchsichtige Farbe um uns, als ständen wir auf stillem Meeresgrund, auf welchen der goldige Strahl der Sonne herabschimmert, man könnte vermeinen, den verlockenden Gesang der Meertöchter zu hören, als Romantiker, oder im Sinne edler Modernität ein Andante des göttlichen heiteren Mozart.« [14, 191]

Dem dionysischen Spiel hat Semper einen dionysischen Rahmen gegeben – durch eine suggestive architektonische »Maskerade«, und es erhebt sich die Frage, wie das vom künstlerischen Standpunkt aus zu bewerten sei. Die Antwort, die Sempers Metapher zu wörtlich zu nehmen bereit ist und an einfache Maskerade – an »Stilmaskerade« – glaubt, erweist sich vor der Realität des Werkes als unzureichend, denn hinter allem Spiel der Formen zeigt sich hohe künstlerische Qualität.

Für diese Qualität ist der konkrete Bedeutungsgehalt des verwendeten historischen Formengutes sicher wichtig, weil er vielfältige Ideenbezüge lebendig werden läßt und dadurch die Gedanken auf das künstlerische Thema konzentriert. Trotzdem ist der Bedeutungsgehalt nicht der wesentlichste Faktor für die künstlerische Qualität, da er nur assoziativ mit den Formen verbunden ist. Die Formen und ihre Bedeutung sind vielmehr der »Stoff«, aus dem die künstlerische Erscheinung gebildet ist und der durch die gestalterische Arbeit darin aufgegangen – »vernichtet« – ist. Um diese ästhetische Umformung zu erläutern, führte Semper selbst das Werk des großen Bildhauers der Antike, Phidias, an. Für ihn seien die in den beiden Tympanonfeldern des Parthenons »handelnd auftretenden Gottheiten *zu behandelnder Stoff* (wie der Stein, worin er sie bildete)« gewesen, »den er möglichst verhüllte, d.h. von aller materiellen und äusserlich demonstrativen Kundgebung seines ausserbildlichen religiös-symbolischen Wesens befreite. Daher« würden »seine Götter uns« entgegentreten und »begeistern ... einzeln und im Zusammenwirken, zunächst und vor allen Dingen als Ausdrücke des rein menschlich Schönen und Grossen« [11, 217].

173 Entscheidend für die künstlerische Qualität, die Sempers Gestaltungsweise auszeichnet, ist aber auch, daß er sie trotz der Bedeutung, die er dem »Kleid« zumaß, nicht allein durch dieses »Kleid« zu erreichen trachtete. Er wußte, daß es auch einen Körper brauchte, dem es »angemessen« war, zu dem es paßte und der es daher zu tragen vermochte – zu tragen im einfachen wörtlichen, vor allem aber im ästhetischen Sinn: Der Körper, der das Kleid tragen sollte, mußte selbst schon entsprechende Ausdruckspotenzen besitzen, die sich mit der Wirkung des Kleides vereinen und so einen großen künstlerischen Eindruck vermitteln konnten. »Das Maskiren«, so meinte Semper, »hilft nichts, wo *hinter* der Maske die Sache unrichtig ist, oder die Maske nichts taugt; damit der Stoff, der unentbehrliche, in dem gemeinten Sinne vollständig in dem Kunstgebilde vernichtet sei, ist noch vor allem dessen vollständige Bemeisterung vorher notwendig.« [11, 217]

Wie sich Semper diese doppelte Bemeisterung des Stoffes – des Themas und des Materials – in der Architektur vorstellte und wie damit die »Maske« und das, was hinter ihr ist, übereinstimmen, das ist daran zu erkennen, wie wichtig ihm der praktische Zweck für die Entwicklung der sinnerfüllten architektonischen Form war. Welchen »Gegenstand der architektonischen Kunst wir auch betrachten mögen«, so sagte er in einer Vorlesung über architektonische Symbole, »die erste und ursprüngliche Conception derselben wird immer aus der Befriedigung irgend eines materiellen Bedürfnisses ... entstanden sein« [10, 292].

Wichtig für Sempers Formauffassung ist es nun, daß er im Hinblick auf eine allgemeine Verständlichkeit der Form aus diesen Überlegungen die Notwendigkeit ableitete, daß auf diese »ursprüngliche Conception« immer wieder zurückzugehen sei, denn es befriedige »das Gefühl, wenn bei einem Werke, sei es auch noch so weit von seiner Entstehungsquelle entfernt, das Urmotiv als Grundton seiner Composition durchgeht, und es ist gewiß bei künstlerischem Wirken Klarheit und Frische in der Auffassung desselben sehr wünschenswerth, denn man gewinnt dadurch einen Anhalt gegen Willkür und Bedeutungslosigkeit«. Dabei ging es Semper weniger um die Bedeutungslosigkeit im Sinne von Unwichtigkeit, sondern um das Fehlen von Bedeutung, von Inhalt, denn durch das Erfassen der Urmotive würde das »Neue ... an das Alte geknüpft, ohne Copie zu sein, und von der Abhängigkeit leerer Modeeinflüsse befreit« [12, 16].

Im Dresdner Theater hat er diese Grundsätze verwirklicht. Die Komposition seines Baukörpers erfüllt die städtebaulichen Ansprüche, die der Standort stellt. Sie offenbart aber auch die innere Organisation der Oper. Sie zeigt ihre bestimmenden Teile: den Zuschauerraum und die Bühne. Deren Technik verlangte die turmartige Ausbildung des Bühnenhauses. Semper war das sicher willkommen gewesen, denn dadurch konnte er die beiden Orte des Geschehens gestaltlich differenziert gegenüberstellen. Um den Zuschauerraum sind vorn die beiden Foyers und seitlich die Treppenvestibüle mit den Vorfahrtshallen angeordnet. Eine solche Massengliederung ist keineswegs durch die Kopie irgendwelcher historischer Vorbilder, sondern – wie Semper es in seiner Kritik an einer Architekturauffassung seiner Zeit, der sogenannten historischen Schule, gefordert hatte – »frei heraus« aus den Bedürfnissen, »wie sie die Gegenwart gibt«, entwickelt [11, XVI] – also zweckmäßig.

Zugleich läßt diese Massengliederung den »Urtyp«, das »Grundmotiv«, durchscheinen. Sie »knüpft« das »Neue an das Alte« und verleiht der Form dadurch allgemeine Bedeutsamkeit: Die Polarität von Zuschauerraum und Bühne reflektiert das ursprüngliche Verhältnis von Zuschauern und Akteuren, wie es sich schon sehr früh unter freiem Himmel ausgebildet haben mag.

Die Krümmung der Rückwand des Zuschauerraumes spielt dagegen auf die anschließende Entwicklung an, auf seine kreisförmige Fassung und die damit verbundene konzentrische Ausrichtung der Sitzreihen in der Cavea des klassischen griechischen Theaters und auf die daran anschließende halbkreisförmige Ausbildung des Zuschauerbereichs der römischen Theaterbauten. Die gekrümmte Rückwand des Zuschauerraumes verweist sodann auf die Wiederbelebung der antiken Theaterform als Symbolmotiv in der Renaissance und im Klassizismus und schließlich auch auf Sempers eigene Theaterbauten und -entwürfe, die zu all dem Beziehung aufnahmen – vornehmlich auf sein erstes Hoftheater und auf die Entwürfe für ein Festspielhaus in München. Dort hatte er gemeinsam mit Richard Wagner eine Reform der Zuschauerraumgestaltung angestrebt. Dem Vorbild des antiken Theaters folgend, hatte er auf Ränge verzichtet und die Sitzreihen in einem amphitheaterartig ausgebildeten Kreissegment angeordnet, um damit der »demokratischen« Gleichheit der Festgemeinde zu entsprechen.

Neben den genannten Beziehungen zur Geschichte, die durch die Gestaltung der Rückwand des Zuschauerraumes hergestellt sind, spielen noch eine Reihe weiterer Motive auf solche Zusammenhänge an. Auch die gesamte räumliche Struktur des Bauwerkes ist funktional-zeichenhaft durchgestaltet. So geht die Umfassung des Zuschauerraumes mit einem Wandelgang auf das antike römische Theater zurück. Die seitliche Anordnung der Treppenhäuser entspringt Überlegungen der bürgerlichen Theaterbaukunst um 1800 und war von Semper mit bewußtem Bezug darauf zum charakteristischen Gestaltungsmoment seines ersten Hoftheaters gemacht worden. Ihr Hervorheben in jenem Bauwerk spiegelt sich in den mit Plastiken besetzten Freisäulen an den Obergeschossen der Treppenvestibüle der neuen Oper wider.

35

10, 11

9, 178

Im Zusammenhang mit derartigen zeichenhaften Bezügen gewinnt auch der schon erwähnte Widerspruch Gewicht, der zwischen der äußeren Form des Zuschauerraumes und seiner tatsächlichen Ausgestaltung besteht und der dadurch, daß die Decke mit ihrem großartigen Plafond nicht auf die Hufeisengestalt der Ränge, sondern auf die Geometrie des Gesamtraumes ausgerichtet ist, sogar zu einem Wesensmerkmal des Raumes wurde. Entspringt er einer einfachen gestalterischen Inkonsequenz, oder ist er eine Anspielung auf die Möglichkeit, das Rangsystem des Hoftheaters durch die beim Münchner Projekt gefundene Gestaltung des Zuschauerraumes zu ersetzen?

12, 14

Auch ohne diese Frage schlüssig beantworten zu müssen, ist deutlich genug erkennbar, daß der Bedeutungsgehalt des schmückenden Kleides mit dem Bedeutungsgehalt der räumlichen Grundkonzeption übereinstimmt. Aber über diese Übereinstimmung der assoziativen Bezüge hinaus gibt es außerdem noch innere Zusammenhänge zwischen beiden. Der architektonische Schmuck konkretisiert auch die Ausdruckswerte der praktischen Form, indem er ihre Gesetzmäßigkeit unterstreicht; denn – so erklärte Semper – wo »der Mensch schmückt, hebt er nur mit mehr oder weniger bewußtem Thun eine Naturgesetzlichkeit ... deutlicher hervor« [10, 305].

Die Bilder, die Christian Borchert vom Wiederaufbau gemacht hat, zeigen die sinnvolle Konsequenz der Form und ihrer Herstellung in anschaulicher Weise. Der »leere« Zuschauerraum ohne seine Ränge und deren dekorative Durchbildung oder das Treppenvestibül in seinem zerstörten Zustand lassen erkennen, daß in Sempers Architektur der einfache, nach den Anforderungen der Zweckmäßigkeit geformte Raum gleichsam der Rohling ist, der die endgültige Form ahnen läßt und dann – wenn diese einmal hergestellt ist – in ihr aufgehoben bleibt. Das gilt ebenso für das Detail: Die gemauerte Vorlage oder der gemauerte Gurtbogen bieten den Ansatz für den Stuck mit seinen differenzierenden Profilen, und diese sind die gestaltprägenden Vorgaben für gemalte Ornamente und die höhende Vergoldung.

57, 66

52, 54

237

31

Diese stufenweise Konkretisierung der Form ist Aufgabe unterschiedlicher Gewerke, der Stukkateure, Maler oder Vergolder. Sie haben das reich gegliederte »Gewand« zu schaffen, durch das – nach Semper – die nackte Mauer zur Wand im architektonischen Sinne wird. Die qualitätvolle Arbeit der Handwerker »vernichtet« die Stofflichkeit des zweckmäßigen Gegenstandes und läßt ihn zum »allgemein verstandenen und empfundenen formalen Ausdruck einer Idee« werden [II, XIII]. Form und Inhalt der Maske stimmen mit dem, was real und ideell hinter der Maske ist, überein.

Der ausschlaggebende Grund dieser Übereinstimmung ist weniger im Zusammenklang der verschiedenen assoziativen Bedeutungen zu suchen, sondern in der überzeugenden »ästhetischen Logik«, die Gottfried Semper seiner architektonischen Form zu verleihen vermochte. Diese Logik erlaubte es ihm, die einzelnen architektonischen Glieder immer in einem sinnvollen maßlichen und funktionalen Bezug zu verwenden. Dadurch sind seine architektonischen Bildungen stets »richtig«, das heißt: Alle Differenzierungen der größeren Form stehen in harmonischem Verhältnis zueinander und zum Ganzen. Dadurch wird auch der kleinste Teil notwendig und damit wertvoll.

Sich in diese Differenziertheit und Abgestimmtheit der Form zu vertiefen kann daher auch ohne genaue Kenntnis der ideellen Hintergründe und entgegen allen puristischen Theoremen ästhetischen Genuß und geistiges Vergnügen bereiten, vor allem dann, wenn all das in seinem gestalterischen und inhaltlichen Zusammenhang mit der großen Gruppierung der Baumassen und der grundsätzlichen Struktur der Räume, mit deren Form und Ordnung und im Bezug zum praktischen und geistigen Zweck des Bauwerkes erfaßt wird.

Nichts ist überflüssig, was zu einer sinnerfüllten Form beitragen kann. Das gilt auch noch heute: Wohl konnte Ludwig Mies van der Rohe auf Vergolder, Maler, Stukkateure verzichten, als im Jahre 1930 sein Ausstellungspavillon in Barcelona gebaut wurde. Aber er brauchte alle diejenigen, die durch die »vollständige Bemeisterung des Stoffes« – wie Semper es ausgedrückt hat – in der Lage waren, den Marmorscheiben, den Glasflächen und den Chromstahlstützen die exakte Grundform und jenen Glanz, jene Qualität zu verleihen, die den Stoff »vernichteten« und die künstlerische Form hervortreten ließen.

In dieser für ein Architekturwerk immer notwendigen und *inhaltlich* bedingten Gesetzmäßigkeit der Form, die Semper in seinem Theaterbau zu erreichen verstand, liegt die eigentliche Ursache dafür, daß weder einfaches Historisieren noch gestalterischer Kontrast Wege zur Wiederherstellung der Oper sein konnten. Die Reproduktion der Semperschen Form war die seiner Qualität entsprechende Form des Wiederaufbaus.

Authentizität und kultureller Wert

Die Semperoper entstand neu – und doch auch anders. Die einschneidenden Veränderungen sind vom Theaterplatz her nicht sichtbar, da sie den Bühnenbereich betreffen. Das wesentliche Problem ihrer Gestaltung lag darin, daß die Veränderungen nicht innerhalb des bestehenden Volumens zu erreichen waren. Um die Eingriffe in den Baukörper der Oper so gering wie möglich zu halten, wurden die Räume, die nicht in unmittelbarem Zusammenhang mit der Bühne stehen, hinter ihr in drei selbständigen, aber deutlich niedrigeren Bauwerken angeordnet. Ihre Gruppierung ist städtebaulich begründet. Die zwei kleineren Körper dienen sowohl der maßstäblichen Vermittlung als auch der Akzentuierung der Räume um die Semperoper. Das große, axial hinter dem Altbau liegende Gebäude enthält die Garderoben und die Proberäume, das kleinere, elbseitige die Probebühne und das andere, zwingerseitige die Betriebsgaststätte. Die Achtung vor dem Baudenkmal veranlaßte die zurückhaltende Gestaltung dieser Ergänzungsbauten. Sie beruht auf der konsequenten Anwendung des Quadrates, das auch die Grundrißform prägt, als maßgebendes Format für die verkleidenden Sandsteinplatten, die Fensteröffnungen und ihre Unterteilung. Ohne die Plastizität der Semperoper zu imitieren, wurde durch die stetigen Reihen kräftiger pfeilerartiger Glieder in den unteren beiden Geschossen eine ruhige Körperlichkeit der äußeren Erscheinung erreicht.

Trotz der Achtung vor der ursprünglichen Grundform der Oper waren doch gewichtige Änderungen im Bühnenbereich erforderlich. Davon ist das Hinausrücken der Außenwände der ehemals die Bühne begleitenden Garderobenräume auf die Flucht der Seitenfoyers besonders gravierend. Sie mußte aber erfolgen, um die heute als unerläßlich angesehenen Seitenbühnen in der Breite der Spielbühne anordnen zu können. Eine leichte Erweiterung wurde auch im Bereich der Hinterbühne nötig, damit die verschiebbare Drehbühne dort ihren Platz finden kann.

Diese Umbauten warfen auch einige technische Probleme auf, die sich vor allem aus der Sorgfalt ergaben, mit der um den authentischen baulichen Bestand gerungen wurde – in diesem Falle um den noch erhaltenen Bühnenturm. Er war durch den Brand schwer in Mitleidenschaft gezogen worden, da er – wie bis dahin üblich – aus dem gegen Hitze sehr empfindlichen Sandstein ausgeführt worden war. Trotzdem sollte er stehenbleiben und außerdem noch im unteren Teil durch die Seitenbühnenöffnungen durchbrochen werden. Die Größe dieser Durchbrüche erforderte es, einen Unterzug einzubringen, der die Last des Bühnenturmes abfangen konnte. Vorher aber mußte dem verbleibenden Sandsteinmauerwerk mit einem Stahlbetonkorsett die Standsicherheit wiedergegeben werden.

Veränderungen mußten auch im Zuschauerbereich in Kauf genommen werden, wenn er modernen Anforderungen standhalten und der im Bühnenbereich getriebene Aufwand für eine möglichst große Anzahl von Besuchern wirksam werden sollte. Zugleich mußten die heute weitaus größeren Komfortansprüche dieser Zuschauer erfüllt werden. Hinter dem unteren Rundfoyer ist daher, gegenüber seinem Niveau etwas abgesenkt, eine großzügige Garderobenhalle eingefügt worden, die sich in ihrer Gestaltung deutlich genug als neue Zutat zu erkennen gibt. Um mehr Zuschauer aufzunehmen und ihnen allen gute Sichtmöglichkeiten zu gewähren, ist der Zuschauerraum erweitert und dabei seine Form verändert worden. Der fünfte Rang wurde aufgegeben und die Arkade der nun runden Form des Zuschauerraumes angepaßt. Die vier Ränge selbst wurden geneigt, wiederum um gute Sicht auf die Bühne zu ermöglichen. Aus dem gleichen Grunde sind auch die Logenscheidewände aufgegeben worden. Der zwischen Treppenhäusern und Zuschauerraum liegende Verteilergang wurde nach außen gerückt und ringförmig ausgebildet.

Angesichts dieser im Hinblick auf das gesamte Bauwerk doch erheblichen Erweiterungen und Veränderungen ist es verständlich, daß Wolfgang Hänsch von einer »dritten« Semperoper spricht [3], denn das heutige Bauwerk steht zum zweiten Hoftheater im gleichen Verhältnis wie dieses zum ersten. Dreißig Jahre des Bestehens des ersten Hoftheaters hatten genügt, um das – allerdings schon zur Bauzeit knapp bemessene – Bühnenhinterland völlig veralten zu lassen. Nach dem Brand von 1869 unternommene Versuche, das Problem durch Anbauten zu lösen, überzeugten nicht. Es wurde daher neu gebaut, wiederum durch Gottfried Semper. Sein neues Theater brachte, wenn man so sagen darf, im zweiten Anlauf die gültige Platzgestalt und bewahrte doch die formale Tradition. Es war gewissermaßen eine »natürliche« Weiterentwicklung des Vorgängerbaus.

Die abermalige Zerstörung rief damit ein architektonisches Dilemma hervor; denn einerseits war das Theater selbst wieder veraltet, andererseits aber hatte es mittlerweile sowohl als Bauwerk wie auch als Ort großer musikalischer Ereignisse hohen kulturellen Wert erlangt. Diese Doppelaufgabe – weitgehender Umbau aus praktischen Gründen und weitgehende Erhaltung aus architektonischen Gründen – brachte eine Belastungsprobe für gängige architektonische Prinzipien und scheinbar feststehende Normen der Denkmalpflege. Der Aufbau der Semperoper wurde ein Modellfall für das Grundproblem, das die Architektur der Gegenwart prägt: die ständig notwendige Anpassung des baulichen Lebensrahmens der Gesellschaft an deren fortschreitende Bedürfnisse bei gleichzeitiger Bewahrung der bisher entstandenen architektonischen Werte.

Dieses Erhalten oder Wiedergewinnen architektonischer Werte setzt vor allem aktive geistige Beziehungen der Menschen zu den betreffenden Bauwerken voraus. Diese sind auf verschiedene Weise möglich. Die Ausnahme bildet das vorrangig betrachtende Erlebnis. Ruinen, historische Bauwerke, die als Gedenkstätten genutzt werden, Ausgrabungsergebnisse – sofern sie in situ konserviert und zugänglich gemacht werden

Rechte Seite: Semperoper. Wiederaufbauentwurf 1976.
VEB (B) Gesellschaftsbau Dresden.
Kollektiv Wolfgang Hänsch.
Grundriß von Vorstellungshaus und Funktionsgebäuden auf Parkettebene

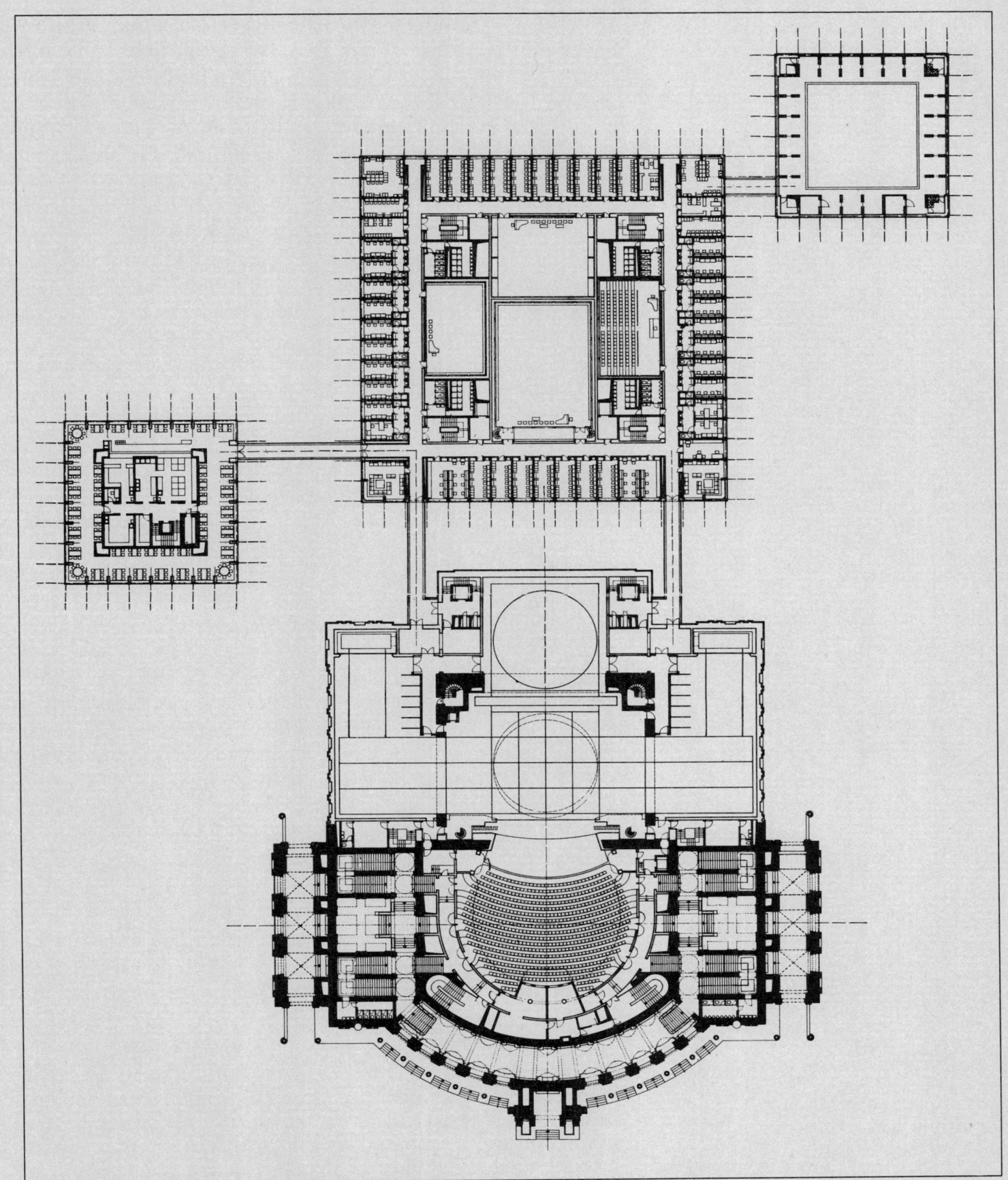

können –, alle diese Denkmale werden aufgesucht. Man erlebt sie wie seltene Kunstwerke im Museum. Ein anderer Weg, aktive geistige Beziehungen zum Bauwerk zu wahren, ist das Beibehalten der praktischen Nutzung. Dadurch wird die normale Form des architektonischen Erlebens gesichert: Die geistigen Werte werden im praktischen Gebrauch erfahren und erschlossen. Aber auch hierbei gibt es gravierende Unterschiede; denn wiederum wird es eine Ausnahme sein, daß die ursprüngliche praktische Nutzung und damit auch die originale Form unverändert erhalten werden können. Für Kirchen oder auch für Memorialbauten mag das über längere Zeit möglich sein. In allen anderen Fällen sind früher oder später bestimmte Veränderungen notwendig. Sie richten sich nach dem Grad und dem Umfang, in dem sich die räumlichen Anforderungen mit der jeweiligen Nutzungsart entwickeln. Dadurch verändert sich in jedem Fall die Wertstruktur.

Das gilt auch für die Semperoper. Durch die Zerstörung hatte das Bauwerk großen Verlust an Originalsubstanz erlitten. Da solche Verluste nicht zu korrigieren sind, hat es an Originalwert sowohl als Zeugnis des neunzehnten Jahrhunderts als auch als Bauwerk Gottfried Sempers verloren. Darüber hinaus war es nicht möglich, die Oper als reine Kopie zu errichten, so daß die Authentizität der Form ebenfalls gemindert wurde.

Zugleich wurde jedoch ein neues gebrauchsfähiges und eindrucksvolles Ganzes geschaffen, das wie die Vorgängerbauten würdiger Rahmen kultureller Ereignisse sein wird. Es entstand bei weitestmöglicher Erhaltung der originalen Substanz innerhalb der neuen Ansprüchen genügenden Gesamtform. Ebenso sorgsam wurde auf die charakteristische und bis ins architektonische Detail sowie den bildnerischen Schmuck abgestimmte Geschlossenheit der Formensprache geachtet, in der die großartige Wirkung des ursprünglichen Bauwerkes beruht hatte.

In dieser neuen architektonischen Einheit sind daher alle Werte der Architektur Gottfried Sempers aufgehoben, die noch zu retten waren. Sie verbinden sich mit neuen Werten, die das ursprüngliche Bauwerk nicht hatte. Allein schon durch das sorgsame Konservieren und Restaurieren der originalen Substanz ist die Oper heute beredter Ausdruck einer tiefen Verbundenheit mit der künstlerischen Tradition und spricht ebenso deutlich von der engen geistigen Beziehung zur Stadt als Ort großer kultureller Werte. Dadurch, daß die Wiederherstellung der Oper auch alten Handwerkszweigen zu neuem Leben verhalf, ist sie nicht zuletzt auch Vergegenständlichung der in diesen Gewerken wirkenden produktiven menschlichen Potenzen. Darüber hinaus verkörpert sie das Produktionsniveau unserer Tage, denn ihr Wiederaufbau erforderte in hohem Maße das Können und den Einfallsreichtum heutiger Berufe. Schließlich hat die Oper auch neuen architektonischen Wert dadurch erlangt, daß sich die Individualität des Architekten und seines Kollektivs, die sich sonst so selbstlos der Formensprache Sempers unterordnete, doch in den Neubauteilen entschieden und qualitätvoll ausspricht.

104, 105, 111, 112

Durch all das, vor allem aber durch die neue Nutzung der Oper als Heimstatt künstlerischen Schaffens, das der kulturellen Tradition verpflichtet ist und auch dem Kommenden Raum gibt, werden die Denkmalwerte des Bauwerks mit seinem Gebrauchswert zu einem bleibenden kulturellen Wert verschmelzen.

Dresden, September 1984

Literatur

Im Text in Klammern gesetzte Zahlen verweisen auf Literaturquellen, die unter dieser Nummer hier aufgeführt sind. Eine folgende zweite Zahl gibt die entsprechende Seite an.

[1] Bärbig, Kurt: Zur Frage des Dresdner Opernhauses. 1946[?]. Maschinenmanuskript

[2] Fröhlich, Martin: Gottfried Semper. Zeichnerischer Nachlaß an der ETH Zürich. gta 14. Basel, Stuttgart 1974

[3] Hänsch, Wolfgang: Gottfried Semper und die »dritte« Semperoper. Hg.: Rat der Stadt Dresden, Abt. Kultur. Sonderdruck aus »Oper heute I«. Ein Almanach der Musikbühne. Berlin 1978

[4] Herrmann, Wolfgang: Gottfried Semper. Theoretischer Nachlaß an der ETH Zürich. gta 15. Basel, Boston, Stuttgart 1981

[5] Konwiarz, Richard: Das Opernhaus in Dresden. Vorschlag zur Sicherung seiner baulichen Substanz. Herbst 1946. Maschinenmanuskript

[6] Milde, Kurt: Neorenaissance in der deutschen Architektur des 19. Jahrhunderts. Grundlagen, Wesen und Gültigkeit. Dresden 1981

[7] Prohl, Peter: Gedanken zum Wiederaufbau der Semper-Oper in Dresden. In: Wissenschaftliche Zeitschrift der Technischen Universität Dresden. 18 [1969]. H. 3. S. 783–788

[8] Quitsch, Heinz: Die ästhetischen Anschauungen Gottfried Sempers. Berlin 1962

[9] Semper, Gottfried: Briefe im Zusammenhang mit dem Bau des zweiten Hoftheaters in Dresden, an: 1. Manfred Semper, 22.1.1872; 2. Ministerium der Finanzen, die statuarische Ausschmückung des neuen Hoftheaters betreffend, April 1873; 3. Manfred Semper, 18.7.1875; 4. Manfred Semper, 27.9.1875. Semper-Archiv. Eidgenössische Technische Hochschule Zürich, Institut für Geschichte und Theorie der Architektur

[10] Semper, Gottfried: Kleine Schriften von Gottfried Semper. Hg.: Manfred Semper und Hans Semper. Berlin, Stuttgart 1884

[11] Semper, Gottfried: Der Stil in den technischen und tektonischen Künsten oder Praktische Ästhetik. Ein Handbuch für Techniker, Künstler und Kunstfreunde. 2 Bde. 2. Auflage. München 1878 und 1879

[12] Semper, Gottfried: Wissenschaft, Industrie und Kunst. Vorschläge zur Anregung nationalen Kunstgefühles. Bei dem Schlusse der Londoner Industrie-Ausstellung. Braunschweig 1852

[13] Semper, Gottfried, und die Mitte des 19. Jahrhunderts. Symposium vom 2. bis 6. Dez. 1974, veranstaltet durch das Institut für Geschichte und Theorie der Architektur an der ETH Zürich. gta 18. Basel, Stuttgart 1976

[14] Semper, Gottfried, 1803–1879. Sein Wirken als Architekt, Theoretiker und revolutionärer Demokrat und die schöpferische Aneignung seines progressiven Erbes. Wissenschaftliches Kolloquium. Technische Universität Dresden, 15./16.5.1979. Schriftenreihe der Sektion Architektur der Technischen Universität Dresden 1980. H. 13

[15] Semper, Gottfried, zum 100. Todestag. Hg.: Staatliche Kunstsammlungen Dresden; Institut für Denkmalpflege, Arbeitsstelle Dresden. Ausstellung im Albertinum zu Dresden vom 15. Mai bis 29. August 1979

[16] Wiel, Leopold: Architektonisches Gutachten vom 14.4.1967. Maschinenmanuskript

Geschichtliche Daten zur Semperoper und zu ihren Vorgängerbauten

1667–1707	Opernhaus am Taschenberg. Südwestecke des Schlosses. Wolf Caspar von Klengel.
1889	abgebrochen.
1696–1709	Kleines Schauspielhaus. Am Zwingerwall, neben Französischem Pavillon des Zwingers. Christoph Beyer.
1709	abgebrochen.
1718–1849	Großes Opernhaus. Am Naturwissenschaftlichen Pavillon des Zwingers. Matthäus Daniel Pöppelmann.
1782	Umbau, danach als Redoutensaal genutzt.
1849	beim Maiaufstand abgebrannt.
1746–1748	Mingottisches Privattheater. Im Zwingerhof.
1748	abgebrannt.
1755–1841	Morettisches Theater, sog. Komödienhaus. Im »Italienischen Dörfchen«, gegenüber der Katholischen Hofkirche.
1841	abgebrochen.
1841–1869	Erstes Hoftheater. Theaterplatz, unterhalb des Komödienhauses. Gottfried Semper.
1835	Theaterneuplanung im Zusammenhang mit einem den Zwinger und den jetzigen Theaterplatz umfassenden Entwurf zu einem »Forum«.
1838	Gottfried Semper mit Bauleitung beauftragt.
1841,	12. April, Einweihung mit »Torquato Tasso« von Johann Wolfgang von Goethe.
1869,	21. September, abgebrannt.
1869–1878	Interimstheater. Nordwestlich hinter Theaterplatz.
1878	abgebrochen.
1878–1945	Zweites Hoftheater. Theaterplatz, gegenüber dem ersten Hoftheater nach Nordwesten verschoben. Entwurf: Gottfried Semper. Ausführung: Manfred Semper.
1870,	Februar, Beschluß zum Theaterneubau, danach Projektierungsauftrag an Gottfried Semper.

1870,	Februar bis Mai, Vorentwürfe.
1870,	September, Entwurf eingereicht.
1870,	Oktober, Bestätigung des Gesamtprojektes durch König Johann, danach nochmalige Überarbeitung.
1871,	26. April, Grundsteinlegung.
1878,	2. Februar, Einweihung mit »Iphigenie auf Tauris« von Johann Wolfgang von Goethe.
1909–1912	Veränderung der Bühnenmaschinerie, Renovierung der Publikumsräume, dabei wesentliche Teile der Wand- und Deckenbemalung überarbeitet, Aufweitung der Arkaden zwischen viertem und fünftem Rang.
1937	Entwurf zu großer Erweiterung des Bühnenbereiches nach Nordwesten. Wilhelm Kreis.
1939	Beginn der Bauarbeiten, während des zweiten Weltkrieges abgebrochen.
1945,	13. Februar, bei Zerstörung Dresdens schwer beschädigt.
1985	Neu aufgebaute Semperoper.
1946,	August, Gutachten zum Bauzustand der Oper. Bauaufsichtsamt Dresden.
1946,	September, Vorschlag zur Sicherung. Richard Konwiarz.
1946,	September, bis November 1948 erste Sicherungsarbeiten.
1950,	Februar, Antrag des Ministers für Volksbildung im Lande Sachsen, Helmut Holtzhauer, an den Ministerpräsidenten des Landes Sachsen, Max Seydewitz, zur Fortführung der Bauwerkssicherung.
1952,	März, Beschluß der Landesregierung Sachsens zu durchgreifenden Sicherungsarbeiten.
1953,	bis Februar 1955 Ausführung der Sicherungsmaßnahmen.
1954	Entwurfsarbeiten zum Wiederaufbau. Hochbauamt Dresden. Kollektiv Patitz.
1965,	März, in Verbindung mit Konzeption zum Neubau eines Vorbereitungs- und Werkstättenkomplexes für mehrere Dresdner Theater Studie zum

Wiederaufbau der Semperoper: Beibehaltung der originalen Fassade zum Theaterplatz, denkmalpflegerische Rekonstruktion der Treppenhallen, Vestibüle und Foyers, moderner Aufbau von Zuschauerraum und Bühne mit entsprechender Erweiterung des Bühnenbereiches. Institut für Technologie kultureller Einrichtungen Berlin (IT).

1965 Anfertigen von Bestandsunterlagen. Aufbauleitung Semperoper (Außenstelle des IT in Dresden).

1966, September, bis Juni 1967 Erarbeitung von vorbereitenden kulturpolitischen, technischen und ökonomischen Grundlagen zum Wiederaufbau, dazu:

1966, November, Entwurfsstudie. Institut für Technologie kultureller Einrichtungen. Klaus Wever, Peter Albert, Dieter Schölzel.

1967, Juni bis September, Architekturwettbewerb zu Neubaubereichen der Oper, Zuschauerraum: moderne festliche Mitte.

1967, Juli, bis Februar 1971 Entwurfsbearbeitung, insbesondere intensive Beschäftigung mit Zuschauerraum, mehrere Varianten, dazu exakte akustische Modellmessungen.
Entwurfskollektiv Semperoper, Chefarchitekt Wolfgang Hänsch.

1969, Februar, veröffentlichte Studie zum Wiederaufbau der Semperoper unter Beibehaltung der historischen Baukörperform, notwendige Erweiterungen in zwei gesonderten Baukörpern untergebracht. Peter Prohl. Technische Universität Dresden.

1969, November, bis November 1970 nach wissenschaftlichen Vorarbeiten Wiederherstellung je einer Architekturachse in Vestibül und Rundfoyer als Probe zur Rekonstruktion der ursprünglichen Ausgestaltung. Institut für Denkmalpflege, Arbeitsstelle Dresden.

1974–1975 Entwurfsarbeiten zur Bewältigung eines durch neue theatertechnologische Gesichtspunkte wesentlich erweiterten Raumprogramms und zur Zusammenführung historischer und moderner Gestaltung, dabei Versuche zur Angleichung an Formensprache Sempers. Institut für Kulturbauten Berlin.

1975, September, Entwurf, der den Hauptteil der Erweiterungen in zwei getrennten Baukörpern anordnet, dazu das hinter der Oper liegende ehemalige Heizwerk nutzt und mit zwei Varianten den Wiederaufbau des historischen Zuschauerraumes vorschlägt.
Entwurfskollektiv Semperoper.

1976, März, endgültiges Projekt bestätigt: historischer Wiederaufbau als Vierrangtheater und weitestmögliche Rekonstruktion der Semperschen Formensprache, Erweiterung durch drei selbständige Baukörper, Abriß des Heizwerkes.

1977, 24. Juni, Grundsteinlegung zum Wiederaufbau.

1985, 13. Februar, Eröffnung der wieder aufgebauten Semperoper mit dem »Freischütz« von Carl Maria von Weber.

Bildnis Gottfried Semper.
Radierung von William Unger. 1871

Gottfried Semper – Biographie

1803–1825　Gottfried Semper wurde am 29. November 1803 in Altona als Sohn eines wohlhabenden Wollfabrikanten geboren.
Nach dem Besuch des Gymnasiums studierte er ab 1823 in Göttingen bei Bernhard Friedrich Thibaut und Carl Friedrich Gauß Mathematik, hörte aber auch die Vorlesungen des Archäologen Karl Otfried Müller.

1825–1830　1825 ging er nach München, um bei Friedrich von Gärtner Architektur zu studieren.
Nach kurzem Aufenthalt in Regensburg arbeitete er ab 1826 mit Unterbrechungen im Atelier von Franz Christian Gau in Paris.
Hier erlebte er die Juli-Revolution von 1830, die Frankreich konstitutionelle Verhältnisse brachte und mit der Semper sehr sympathisierte.

1830–1834　1830 bis 1833 unternahm er eine Studienreise durch Italien und Griechenland. Ergebnis seiner Studien war die Schrift aus dem Jahre 1834 »Vorläufige Bemerkungen über bemalte Architektur und Plastik bei den Alten«. Mit ihr griff er in den damals aktuellen Streit um die Farbigkeit antiker Architektur ein und vertrat zugleich progressive gesellschaftliche Ideen.

1834–1849　Am 30. September 1834 wurde Semper auf Betreiben eines durch die revolutionäre Bewegung von 1831 zustande gekommenen liberalen sächsischen Kabinetts und durch die Vermittlung von Gau als »Professor der Architektur an der Königlichen Akademie der bildenden Künste zu Dresden« vereidigt. Im Zusammenhang mit seinen Lehraufgaben entstanden in Dresden die ersten Ansätze zu seinem umfangreichen theoretischen Werk.
Vor allem aber war er praktisch tätig und schuf für die Architekturentwicklung wichtige Bauwerke wie das erste Hoftheater, 1838–1841, die Villa Rosa, 1839, das Palais Oppenheim, 1845–1848, und die Gemäldegalerie, 1847–1855.

1849–1855　Wegen der aktiven Beteiligung an der Mai-Revolution von 1849 mußte er aus Dresden fliehen und kam über Paris nach London. Dort arbeitete er vorwiegend theoretisch. »Die vier Elemente der Baukunst«, 1851, und »Wissenschaft, Industrie und Kunst«, 1852, waren die wichtigsten Publikationen dieser Exilzeit.

1855–1869   Am 7. Februar 1855 wurde Semper Professor für Baukunst auf Lebenszeit an dem im Jahre 1854 gegründeten Eidgenössischen Polytechnikum in Zürich, übersiedelte im Juni 1855 in diese Stadt, baute dort unter anderem das Hauptgebäude der Lehranstalt, 1861–1864, sowie das Stadthaus in Winterthur, 1861–1869, und brachte 1860 und 1863 die beiden Bände seines Hauptwerkes »Der Stil in den technischen und tektonischen Künsten oder Praktische Ästhetik« heraus. 1864–1866 plante er für König Ludwig II. von Bayern ein Richard-Wagner-Festspielhaus für München.

1869–1876   Noch in Zürich erhielt Semper große Aufträge aus Wien und Dresden: 1869 zum Ausbau der Wiener Hofburg und – nachdem das von ihm errichtete erste Hoftheater 1869 abgebrannt war – 1870 zum Neubau des zweiten Dresdner Hoftheaters. 1871 übersiedelte er nach Wien. Nach Differenzen mit seinem Partner Carl von Hasenauer zog er sich 1876 von der praktischen Bautätigkeit zurück.

1876–1879   Wegen seines angegriffenen Gesundheitszustandes lebte er daraufhin vorwiegend in Italien. Am 15. Mai 1879 starb er in Rom.

Stadtsilhouette mit Semperoper, Schloß,
Hofkirche und Brühlscher Terrasse

Dezember 1983

Ruine 1977

Theaterplatzansicht der Semperoper mit ersten Außengerüsten. Das gestaltete Pflaster des Platzes ist während der Bauzeit mit einer Kies- und Betondecke geschützt.

Mai 1977

Pantherquadriga von Johannes Schilling.
Dahinter die Ruine des Dresdner Schlosses

Mai 1977

47

Vollständig zerstörter Zuschauerraum. Blick durch das Bühnenportal auf die Hauptbühne. 1953–1955 waren bereits Enttrümmerungs- und Sicherungsarbeiten ausgeführt sowie neue Dachkonstruktionen montiert und eine »Wetterwand« zur zerstörten Hinterbühne errichtet worden.

März 1977

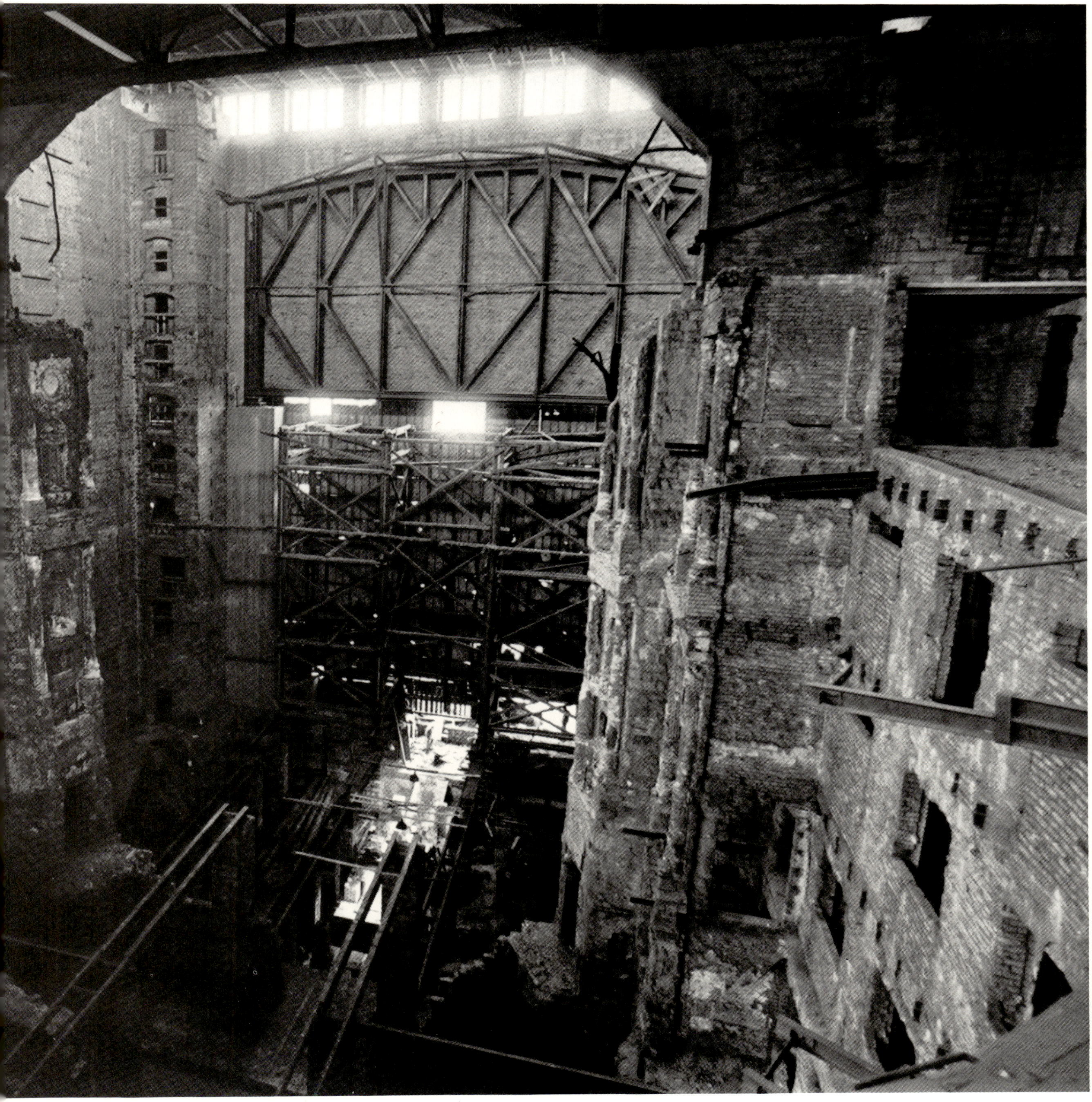

Elbseitiges Vestibül. Vor den ersten Beräumungs- und Sicherungsarbeiten. Über dem Treppenaufgang »II. Rang« sind Reste der Lünette »Antigone«, an den Wandflächen zwischen den Pilastern Motive der um 1912 ausgeführten Übermalung erkennbar.

März 1977

März 1977

50

März 1977

Elbseitiges Vestibül. Durch Brand beschädigte Deckengewölbe

Rechte Seite: Elbseitiges Vestibül. Durchgang zum Zuschauerraum

März 1977

März 1977

März 1977

Elbseitiges Vestibül. Einsturzgefährdete Kreuzgewölbe. Die Pilasterpaare aus Stuckmarmor an den Wänden werden erhalten.

Rechte Seite: Vestibül. Putzreste mit Befunden der Ausmalung um 1912

März 1977

März 1977

Bühnenhaus. Stahlträger im Kellergeschoß

Rechte Seite: Bühnenhaus und Zuschauerraum. Hilfskonstruktionen für Sicherungsarbeiten aus Mauerwerksschäften und Stahlträgern

Mai 1977

Mai 1977

Elbseitiges Vestibül. Treppenaufgang.
Verbrannte Stuckmarmorsäulen

Rechte Seite: Zuschauerraum. Türöffnungen
vom Erschließungsgang zu den ehemaligen
Logen der abgebrochenen Ränge. Reste des
Bühnenportals

September 1977

September 1977

Zuschauerraum. Das gesamte ausgebrannte Mauerwerk muß bis auf die Außenwände abgebrochen werden.

Mai 1978　　　　　　　　　　　　　　　　　　　　　　　　　　　　Oktober 1977

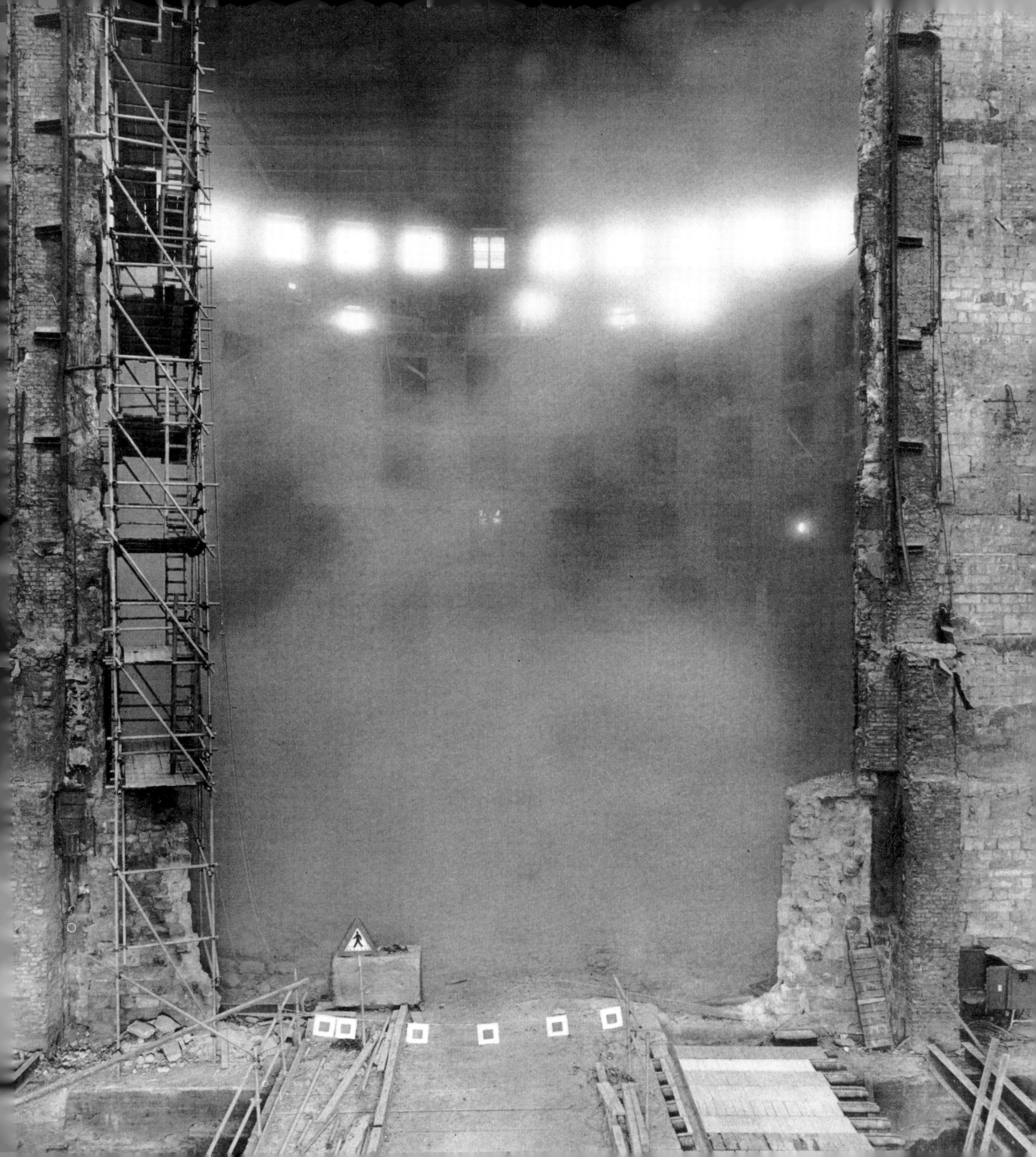

Oberes Rundfoyer. Alle Geschoßdecken der Vestibüle und Foyers müssen nach teilweisem Abbruch saniert und restauriert werden. 1969/1970 war eine Probeachse für die künftige Rekonstruktion errichtet worden.

Rechte Seite: Elbseitiges Vestibül. Mitarbeiter des Instituts für Denkmalpflege suchen und konservieren Reste der ursprünglichen Ausgestaltung. Grundlage der darauf folgenden Rekonstruktion sind Befunde, originale Skizzen, Zeichnungen, Bilddokumente, das Studium vorhandener Bauten Gottfried Sempers und sein Briefwechsel.

November 1977

August 1977

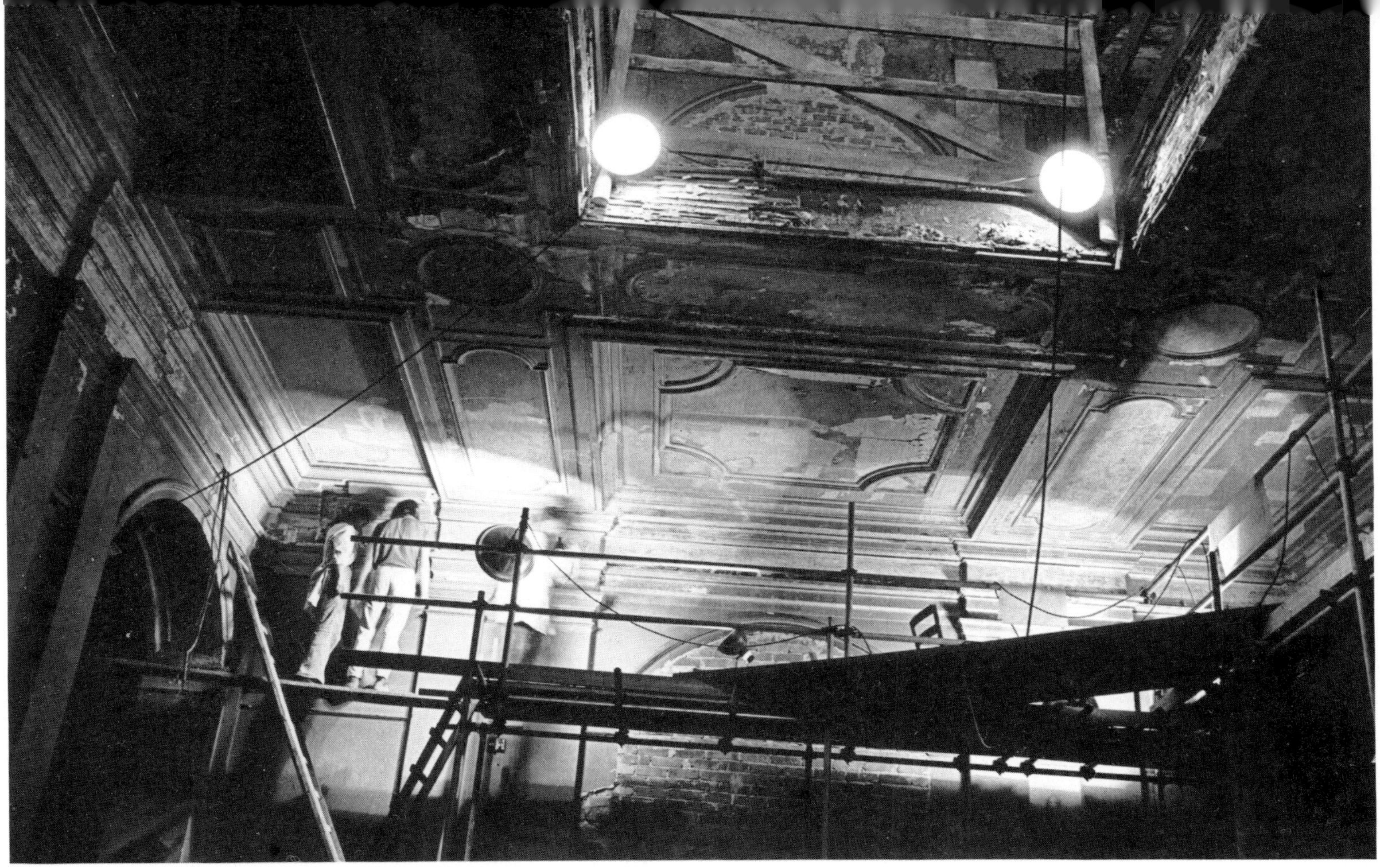

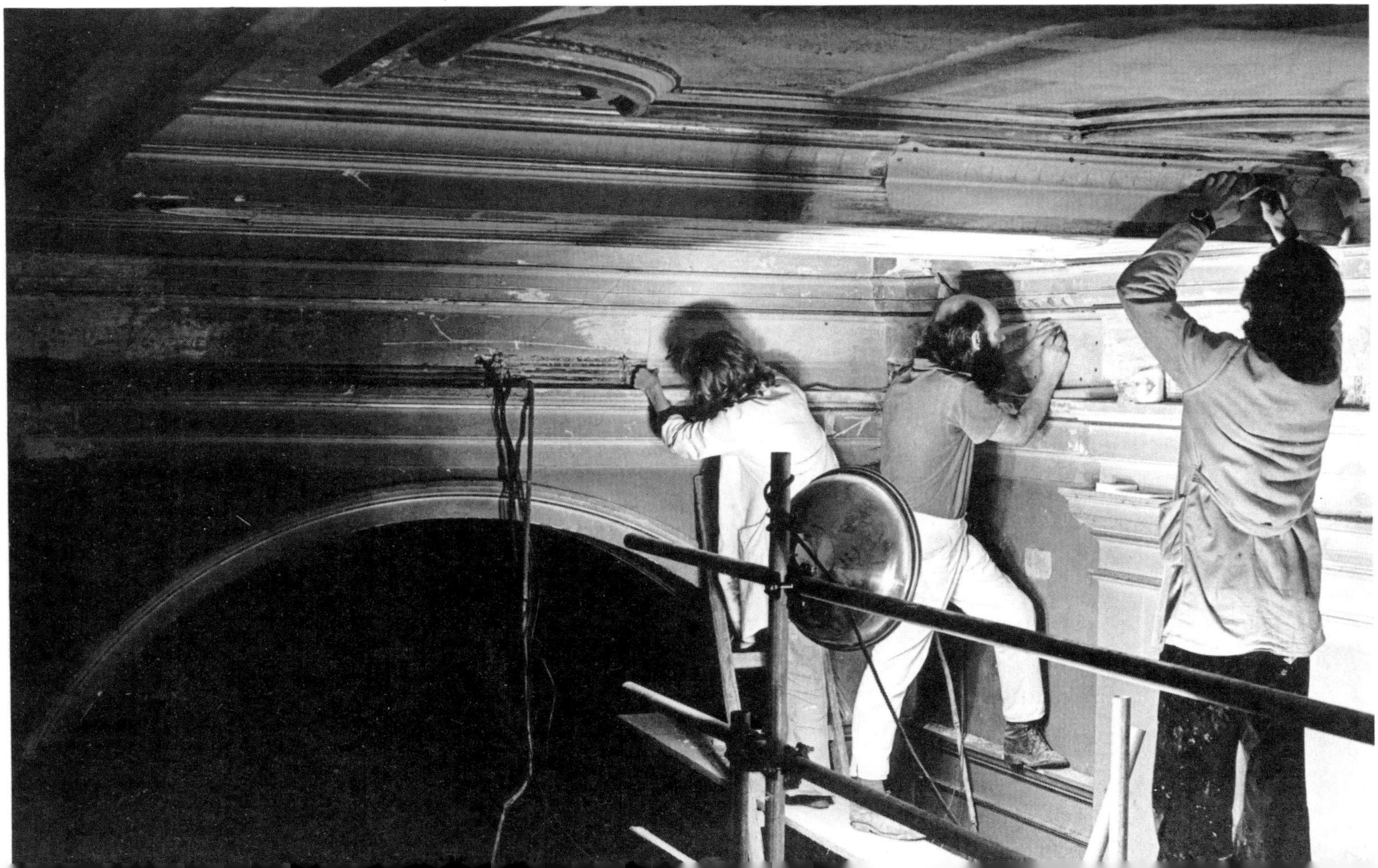

Mai 1977

Linke Seite: Zuschauerraum und Bühnenhaus. Zustand nach ersten Sicherungsarbeiten 1953–1955. Reste der Proszeniumslogen und des Bühnenportals

Zuschauerraum. Abbruch des Logenumganges

September 1977

Bühnenportal. Blick in den Zuschauerraum

Mai 1977

Farbfreilegungen für chemische
und mikroskopische Analysen

Oktober 1977

**Rundfoyers und Vestibüle
1977–1979**

Unteres Rundfoyer. Stukkateure arbeiten am Stuck des Tonnengewölbes.

August 1977

Zwingerseitiges Vestibül. Rußgeschwärzte
Wände des Erdgeschosses

September 1977

Unteres Rundfoyer. Gesicherte originale Gestaltungen der Lisenen nach Abtragen mehrerer verbrannter Farbschichten der Rekonstruktion von 1912

Rechte Seite: Unteres Rundfoyer. Stukkateure bei der Rekonstruktion der Türportale und Wandbereiche

Folgende Seiten: Unteres Rundfoyer. Zur Sanierung der darunterliegenden Gewölbe aufgebrochener Fußboden

Terrazzoarbeiten. 280 Tonnen gebrochenes Marmormaterial und 120 Tonnen Terrazzosplit werden für den neuen Fußboden benötigt.

Schleifen des Terrazzos im Naßschleifverfahren

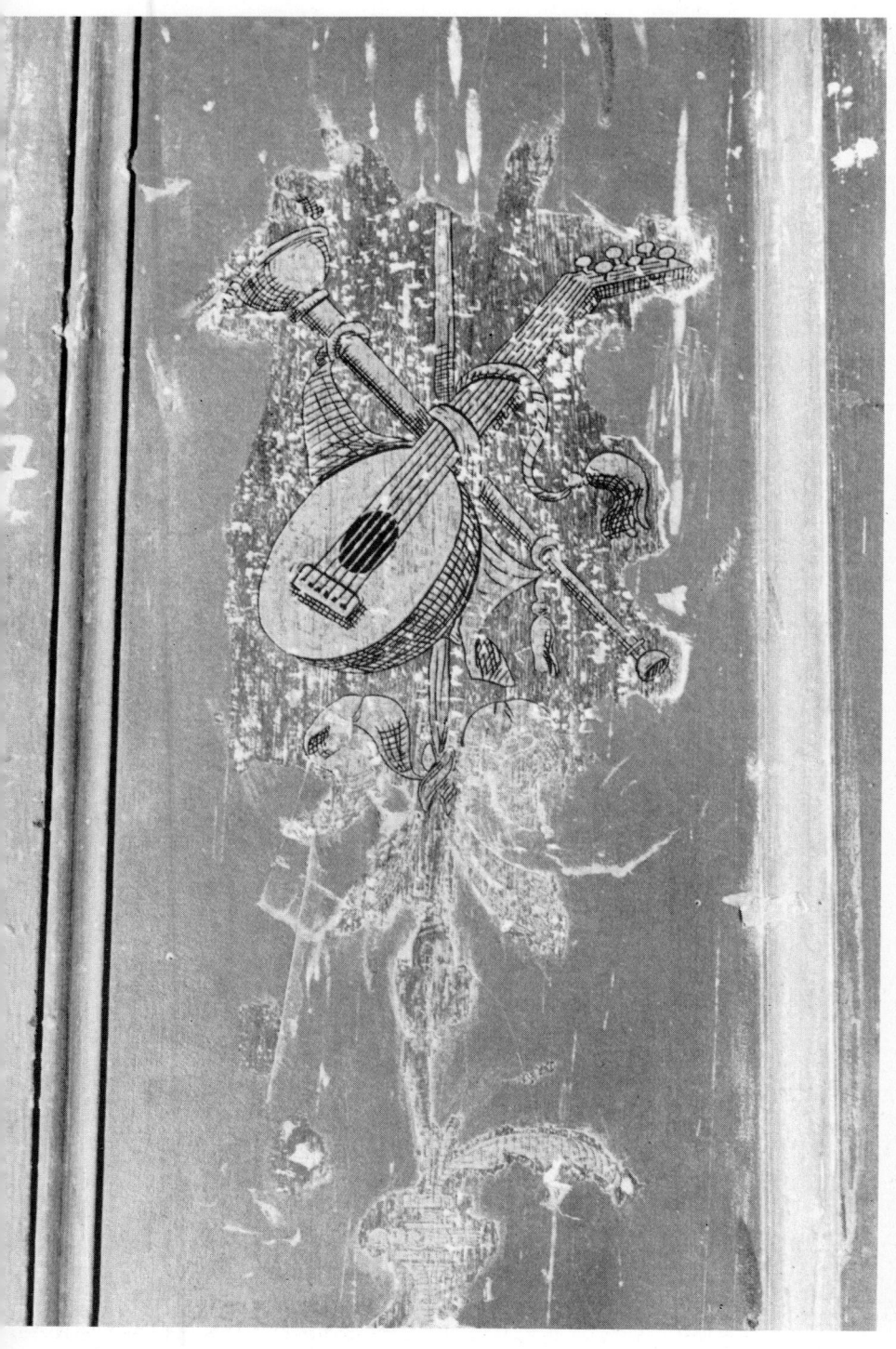

Oktober 1978

Oktober 1978

November 1977

März 1978

Juli 1980

Oktober 1980

Oberes Rundfoyer. Einbringen der Geschoßdecke – in Stahlbeton ausgeführt –, um das Gebäude während der Baumaßnahmen im Zuschauerraum zu stabilisieren.

Dezember 1977

Brigade Ripp (VEB [B] Gesellschaftsbau Dresden)

März 1978

März 1978

Linke Seite: Oberes Rundfoyer. Wiederherstellung der Neorenaissancedecke nach vorangegangener statisch konstruktiver Sicherung der Bausubstanz

Oberes Rundfoyer. Montage vorgefertigter Profilteile der Deckengliederung

Oberes Rundfoyer. Rekonstruierte Stuckdecke vor der Bemalung

Dezember 1977   März 1978

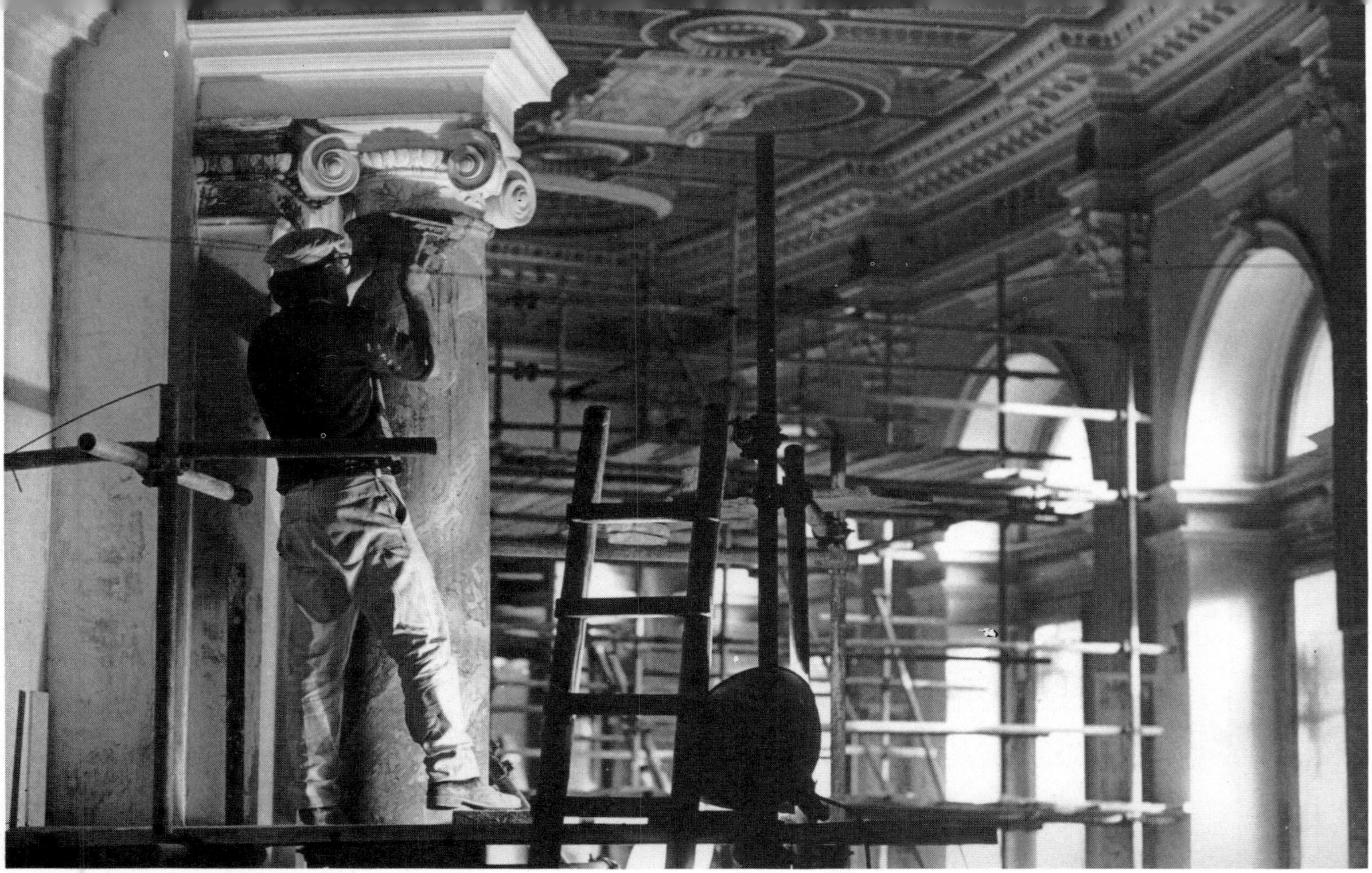

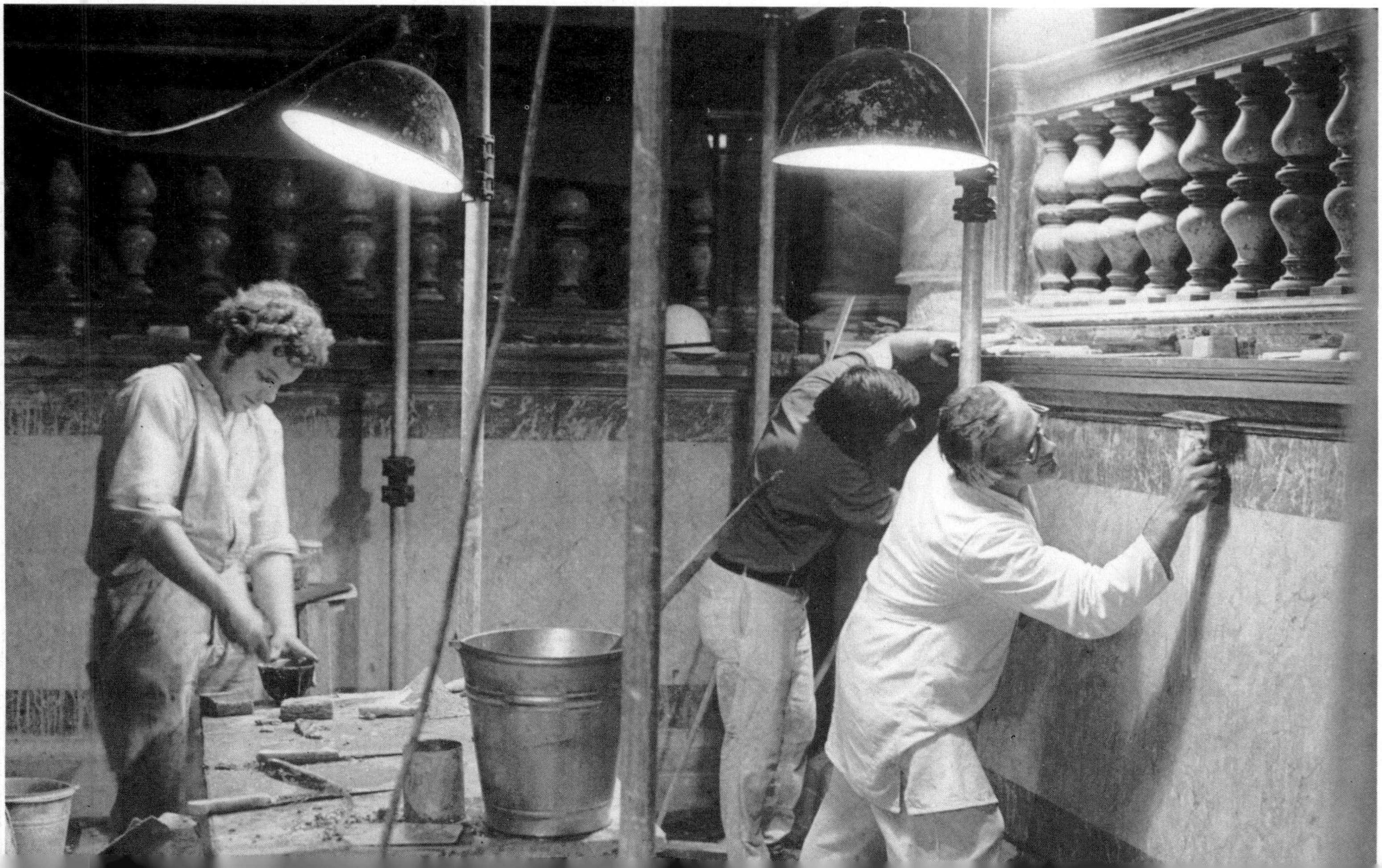

Linke Seite: Oberes Rundfoyer und zwingerseitiges Vestibül (unten). Rekonstruktion von
Säulen und Wandflächen. Verfahren der
»Bekleidung« mit Stuckmarmor oder Stucco
lustro sind wieder »entdeckt« worden.

Haupteingangshalle. Steinmetzen
(VEB Elbenaturstein Dresden) bei der
Montage der kassettierten Decke

Dezember 1981 Oktober 1977 August 1979

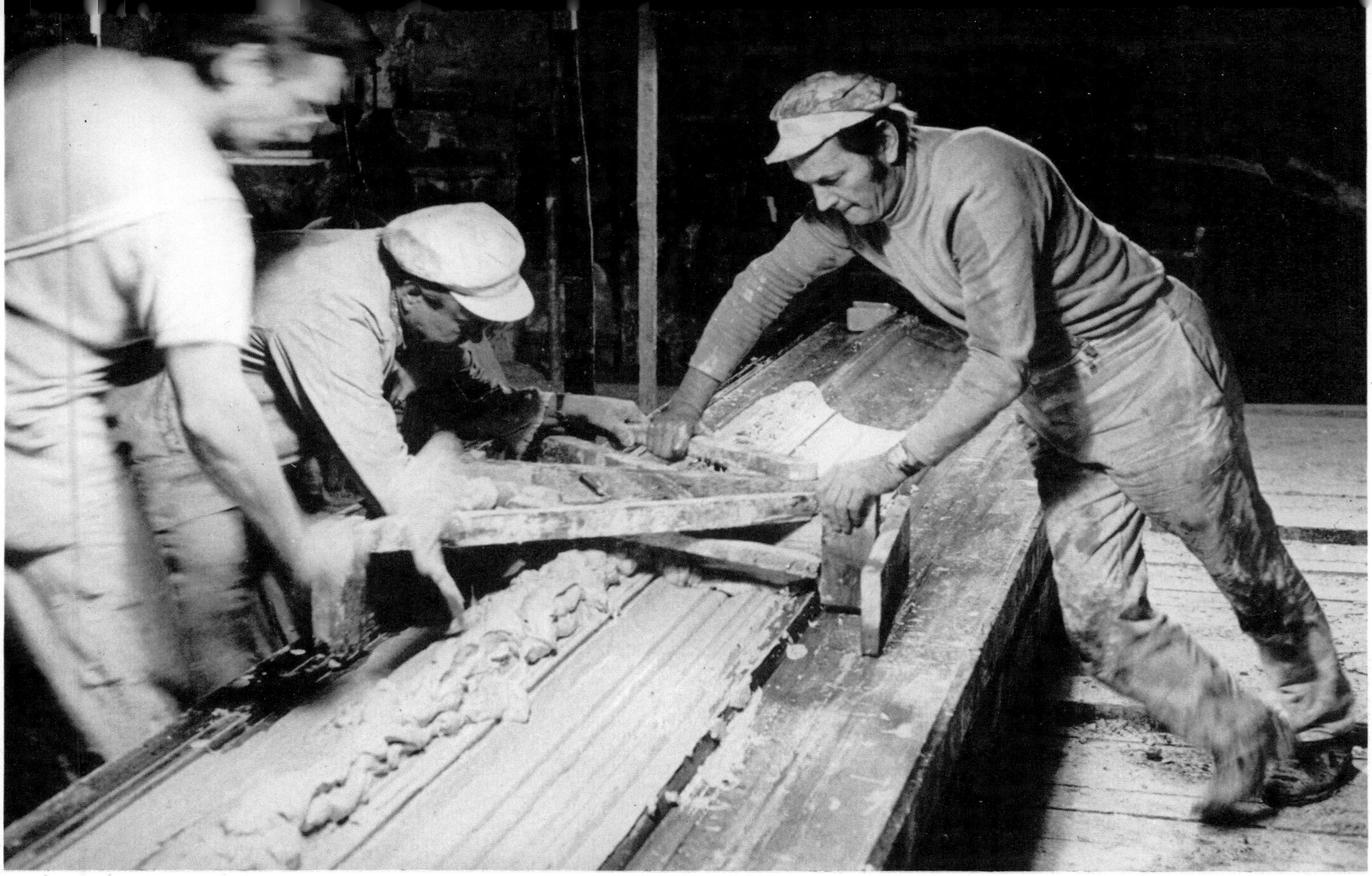

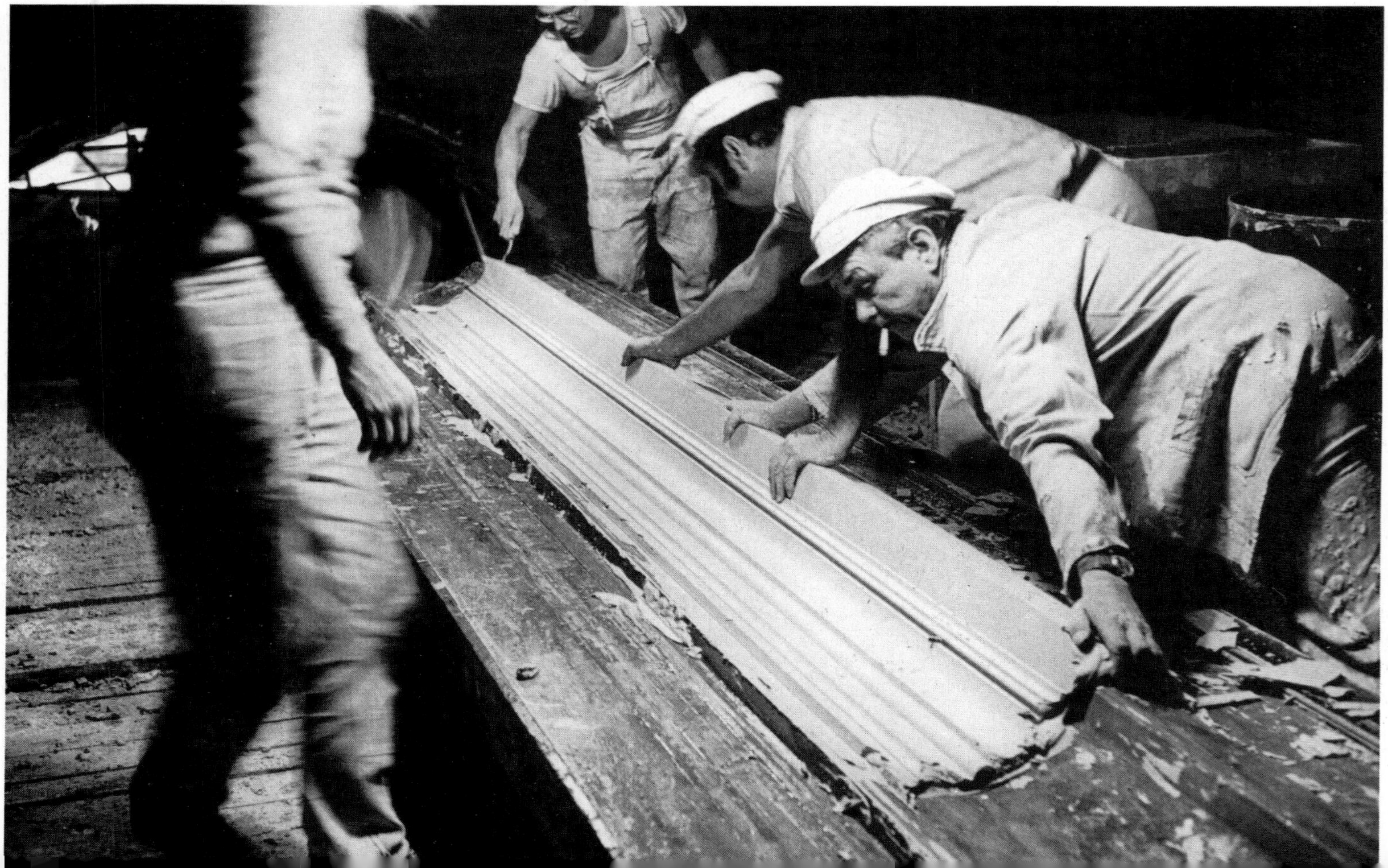

Linke Seite: Vorfertigung von Gesims-
elementen mit Schablonen (»Schlitten«)

Montage der Gesimselemente am Ort

Oktober 1978   Oktober 1978

81

Zuschauerraum 1977/1978

Vierter Rang. Vor den Abbrucharbeiten

Rechte Seite: Bühnenportal. Mit Gerüsten ausgefacht

November 1977

November 1977

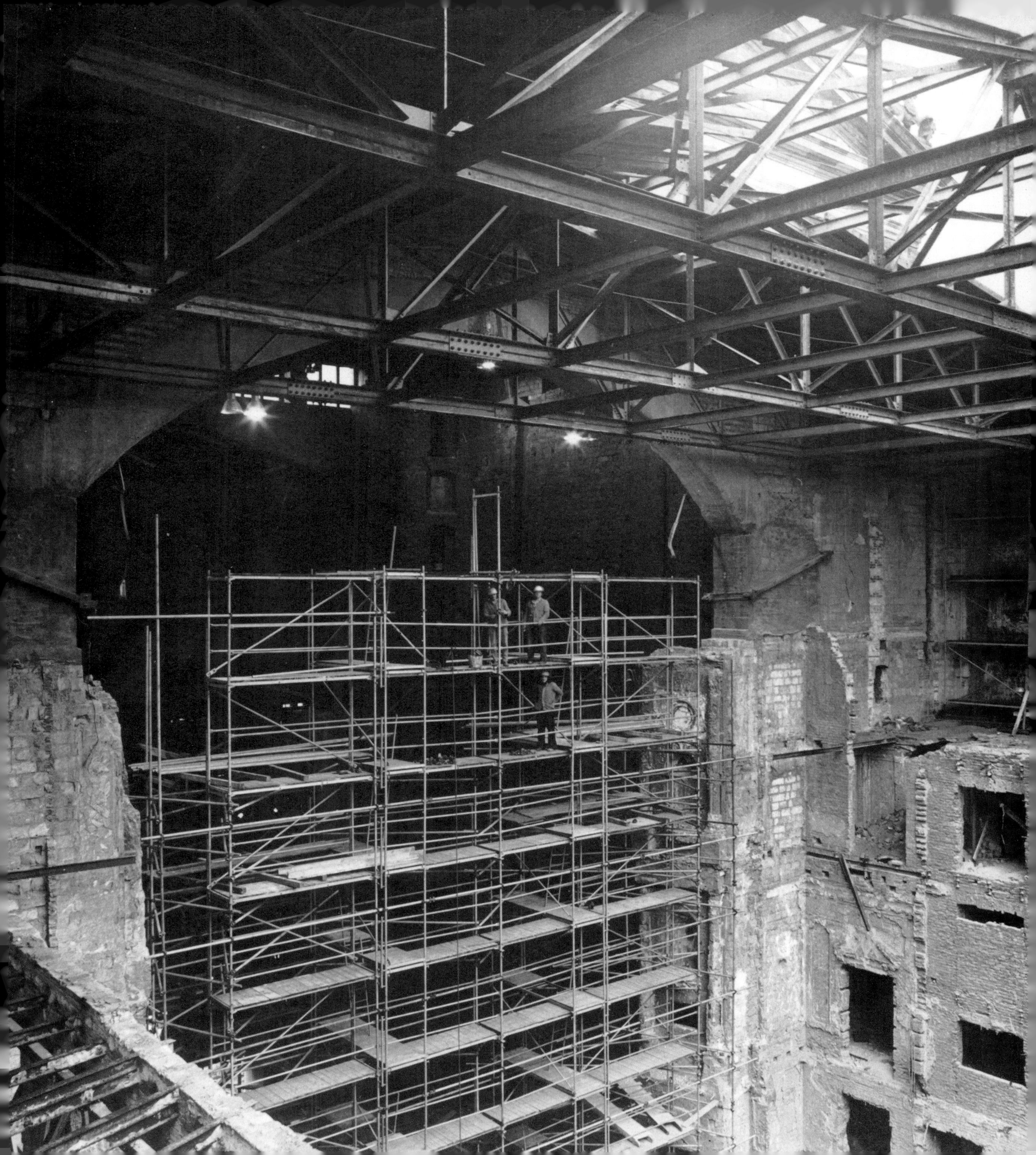

November 1977

Zuschauerraum. Demontage der Dachkonstruktion, die 1953–1955 zur Sicherung des Gebäudes errichtet worden war, da sie den neuen statisch konstruktiven Anforderungen nicht genügt. Auch die folgende Seite

November 1977

November 1977

Zuschauerraum. In einer Höhe von 35,0 m über dem vorhandenen Fußboden der Kellergeschosse werden die einzelnen Stahlbinder gelöst und mit einem Mobilkran abgehoben. Auch die folgenden drei Seiten

November 1977

November 1977

November 1977

November 1977

Zuschauerraum. Nach Demontage des Daches (oben). Beräumungsarbeiten (unten)

November 1977

Zuschauerraum. Der letzte Stahlbinder des
Daches wird zur Demontage angeschlagen.

November 1977

November 1977

Stahlbaumonteure der Brigade Frank (VEB Sächsischer Brücken- und Stahlhochbau Dresden). Durch sie werden 570 Tonnen Stahlkonstruktion demontiert und 1500 Tonnen neue Stahlbaukonstruktion und Anlagenteile montiert.

Rechte Seite: Vorstellungshaus. Beginn der Sanierung von Mauerwerkskronen und Auflagerbereichen für die neuen Dachbinder des Zuschauerraumes

November 1977

Oktober 1978

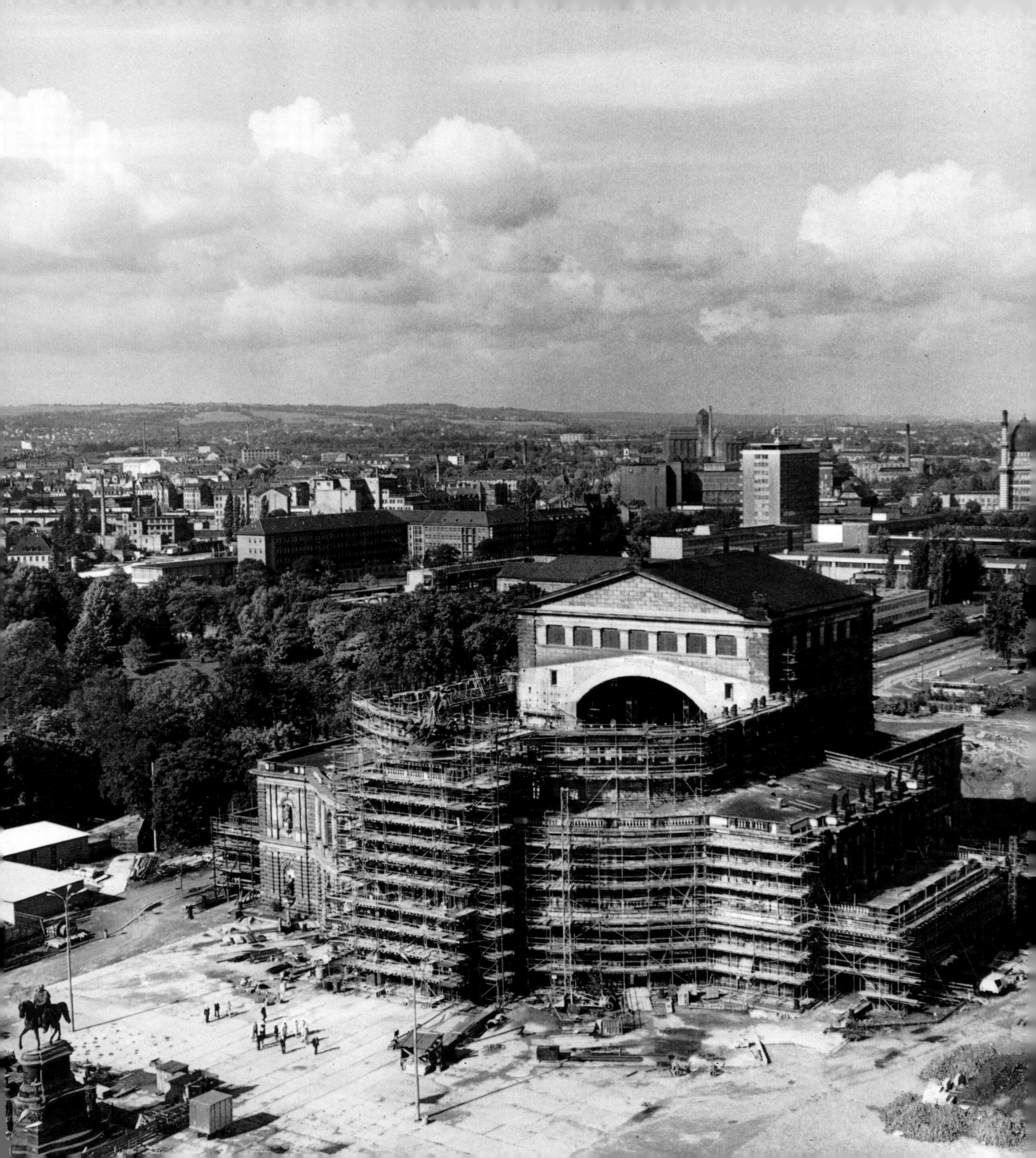

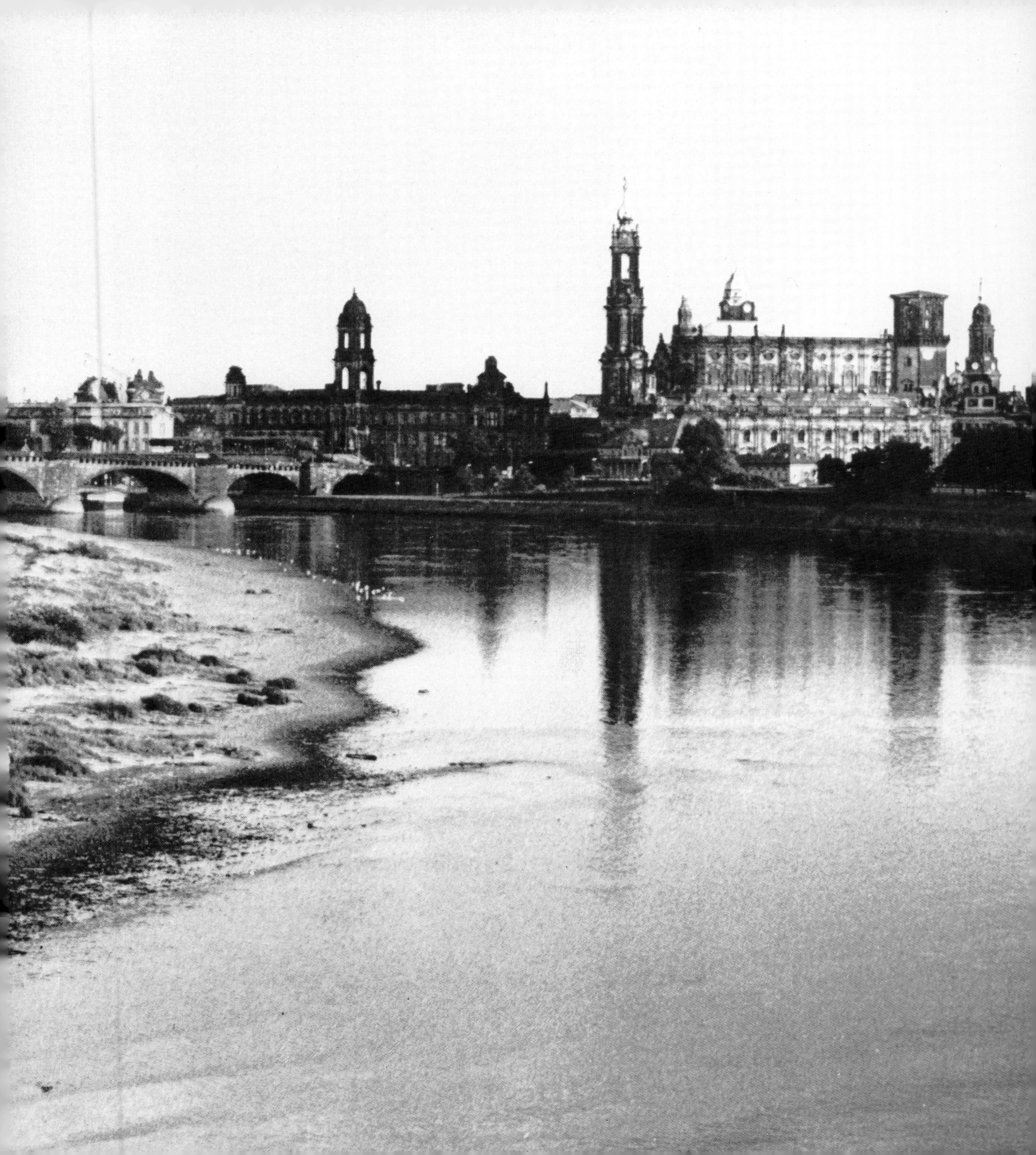

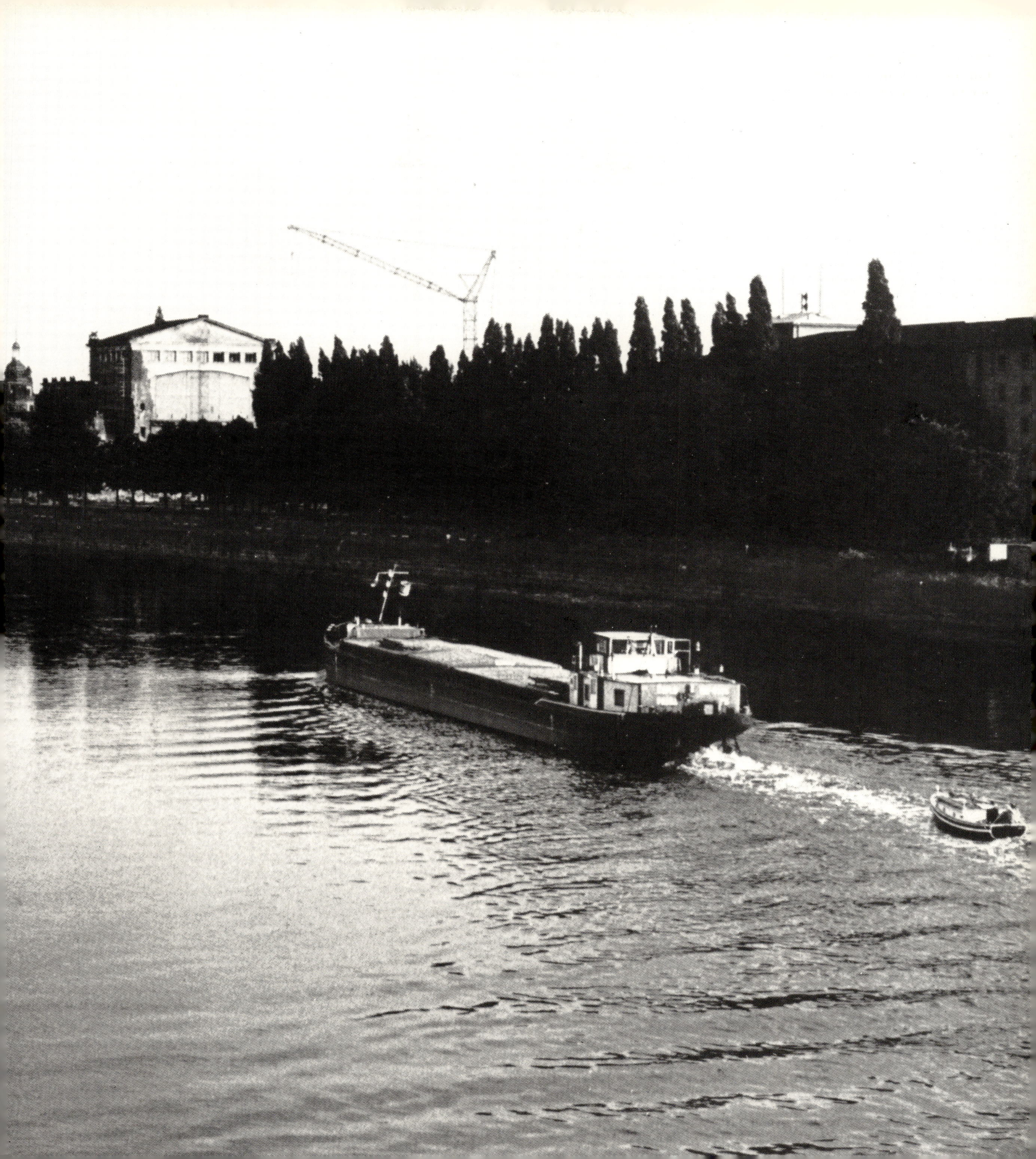

Vorhergehende Seiten: Stadtpanorama mit Giebel des Bühnenhauses und der total zerstörten Hinterbühne der Semperoper

Baustelle. Baugrubenaufschluß für das Funktionsgebäude hinter dem historischen Opernhaus

Rechte Seite: Bühnenportal. Gitterstützen sichern das Bühnenhaus

April 1978

September 1978

Außenansichten 1978–1984

Elbpanorama mit Baustelle des Opernhauses

März 1978

Funktionsgebäude. Rohbau in industrieller Schaltafelbauweise. Dahinter Vorstellungshaus mit neuer Hinterbühne in Stahlbetonkonstruktion

Februar 1982

Vorstellungshaus. Rückseite. Bühnenturm
und einsturzgefährdete Garderobentrakte.
Davor die Baugrube des Funktionsgebäudes

Mai 1978

Rohbauarbeiten am Funktionsgebäude und
an der südlichen Seitenbühne

April 1979

Funktionsgebäude. Hauptprobebühne (links)

August 1981   November 1982

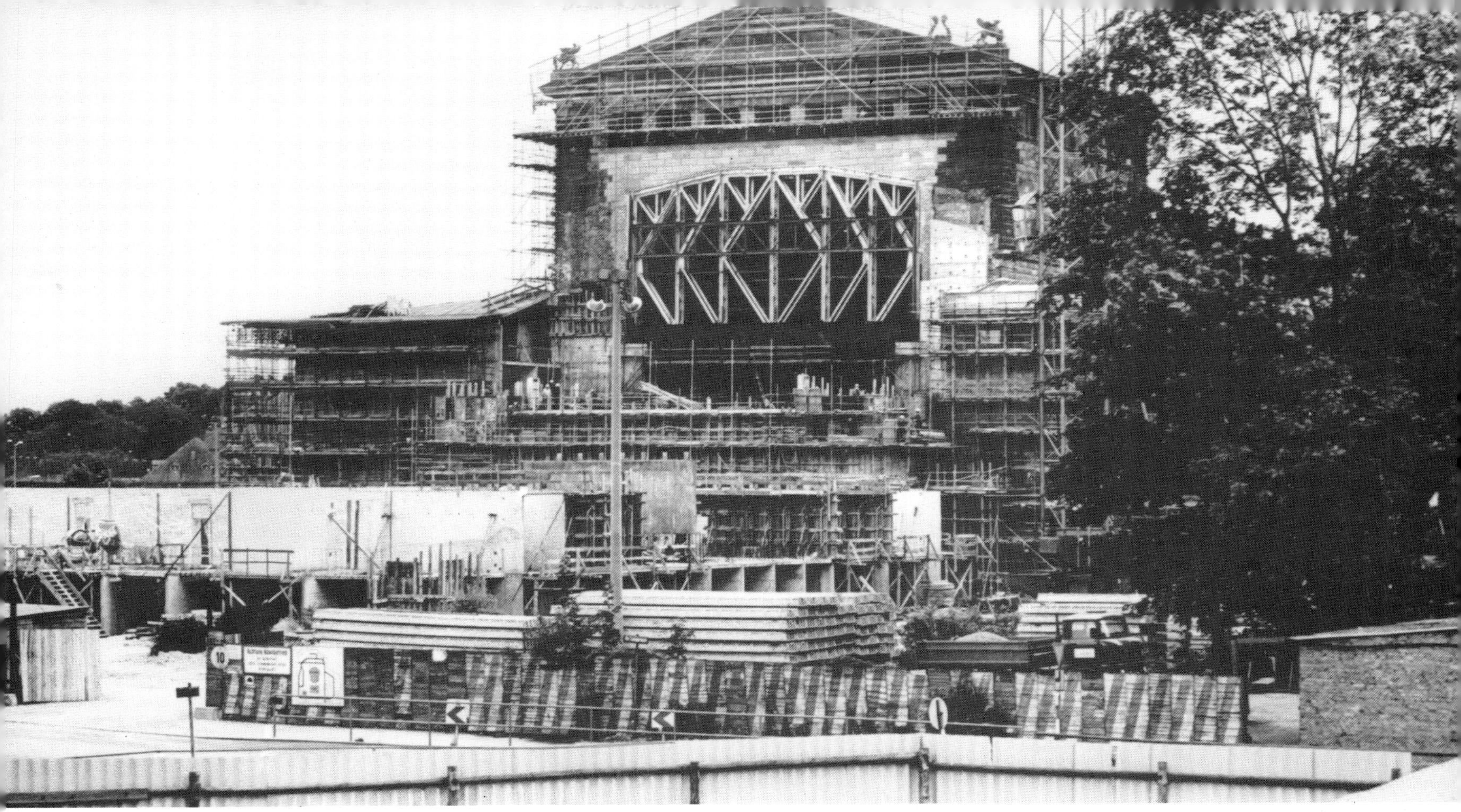
10

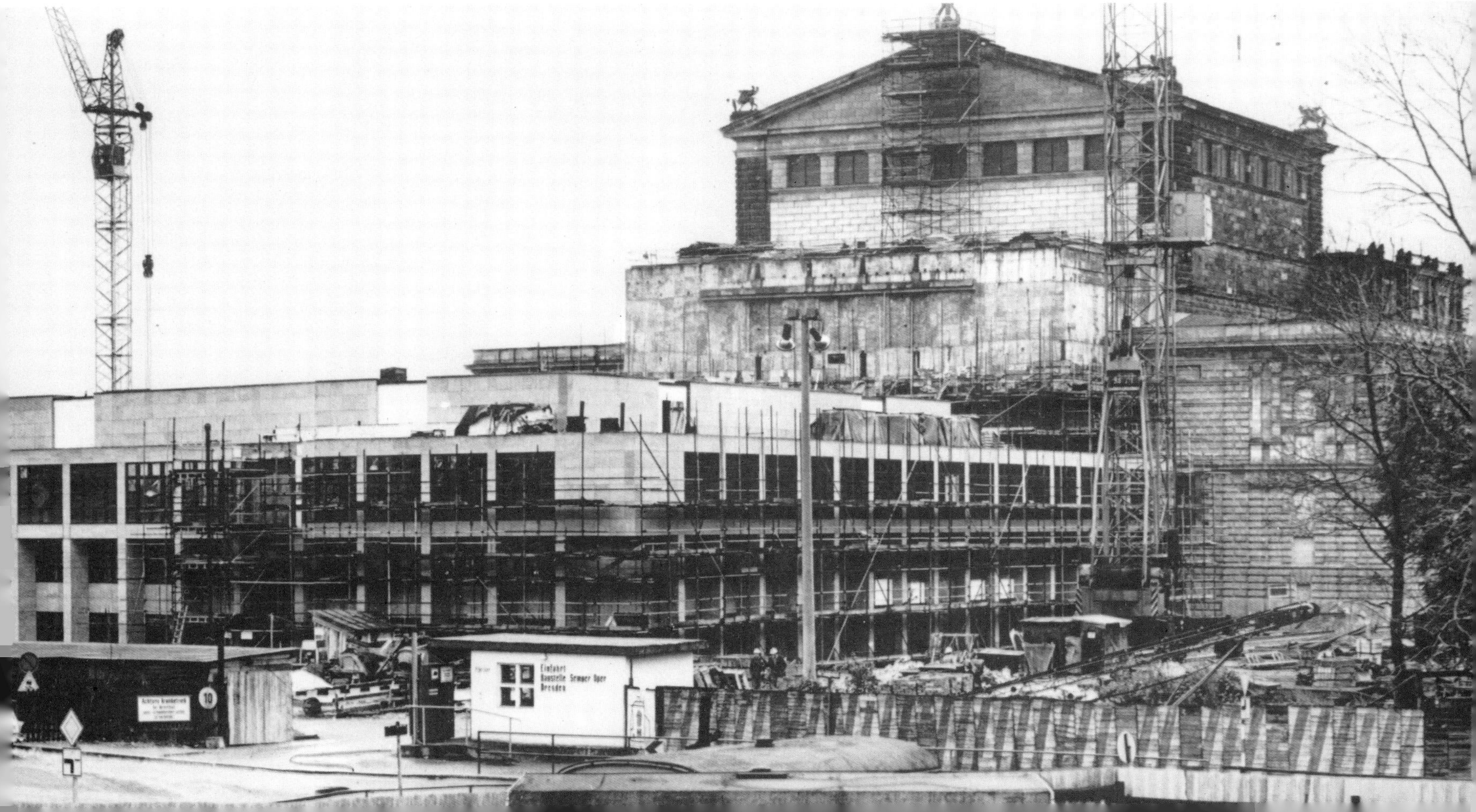
10
Einfahrt
Baustelle Semper Oper
Dresden

Funktionsgebäude und Hinterbühne.
Errichtung des Kellergeschosses

Oktober 1979

Zwingerseitige Seitenbühne. Rohbaufertig.
Der elbseitige Garderobentrakt ist noch nicht
durch die neue Seitenbühne ersetzt.

Oktober 1979

November 1978

Theaterwerkstätten und Magazine. Errichtet in der Julian-Grimau-Allee unter Einbeziehung von Gebäudeteilen des ehemaligen Marstalls

Februar 1979

Die Reithalle des Marstalls wird rekonstruiert und in die Theaterwerkstätten einbezogen.

Mai 1979

Funktionsgebäude. Baukörper der Hauptprobebühne

Januar 1982

111

Vorstellungshaus und Funktionsgebäude. Fertiggestellt am 30. Juni 1984. Vom Haus der Presse gesehen

Oktober 1984

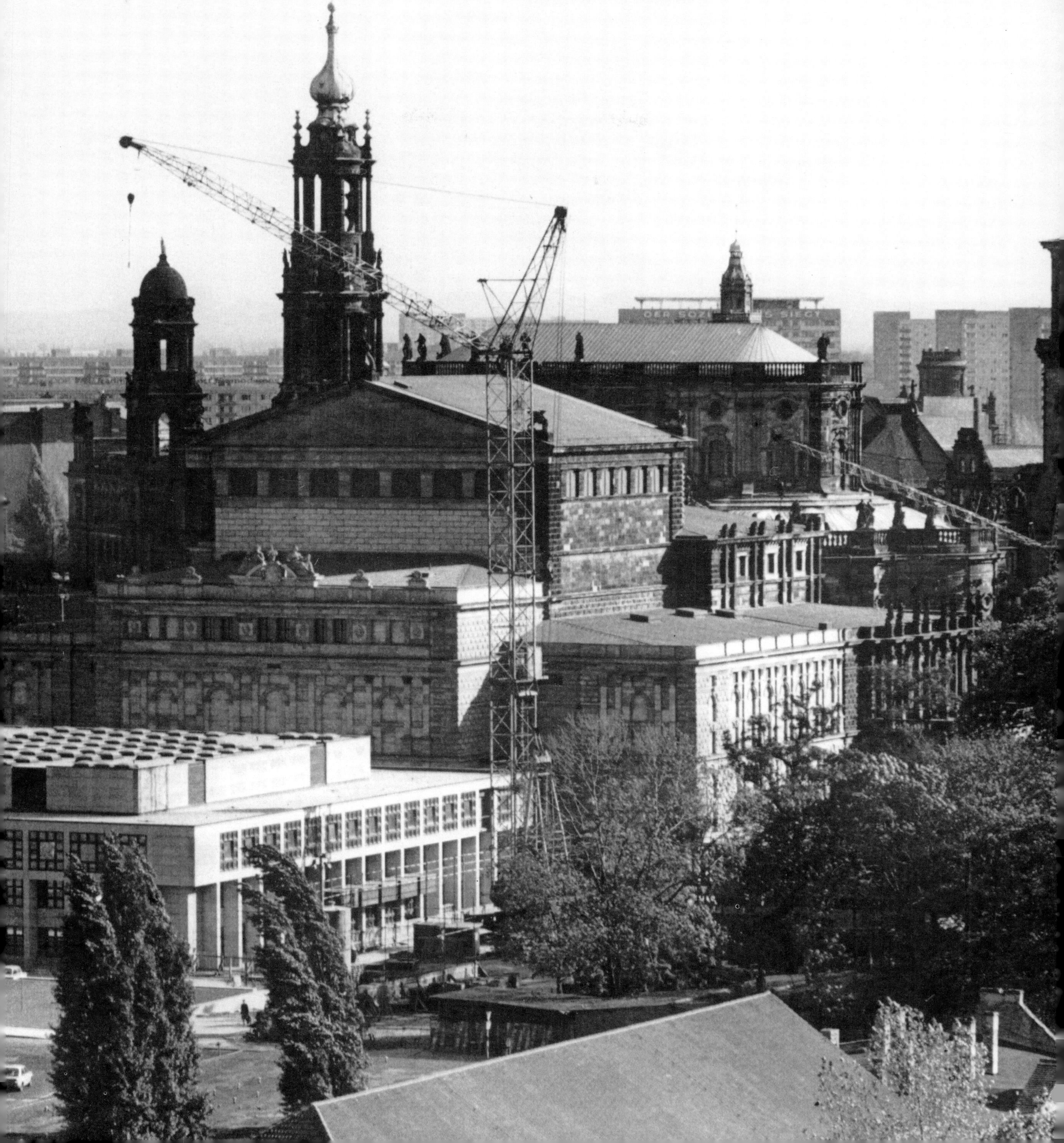

Funktionsgebäude. Rohbau. Aufgenommen
mit Fish Eye-Objektiv

Dezember 1981

Funktionsgebäude. Flechten der Stahlbewehrung für die Zwischendecke

Mai 1982

Zuschauerraum 1978–1980

Zuschauerraum. Einbau der Ränge. Zur Gewährleistung der Standsicherheit des Opernhauses erfolgt der Abbruch der Logenumgänge und der Neubau der Ränge in Segmenten. Der Abbruch wird zu einer Zeit durchgeführt, als hinter den Außenwänden des Zuschauerraumes in den Vestibülen und Foyers die Stukkateure und Kunstmaler bereits mit der dekorativen und bildkünstlerischen Ausgestaltung der Decken und Wände beschäftigt sind. Auch die folgende Seite

Oktober 1978

Juni 1978

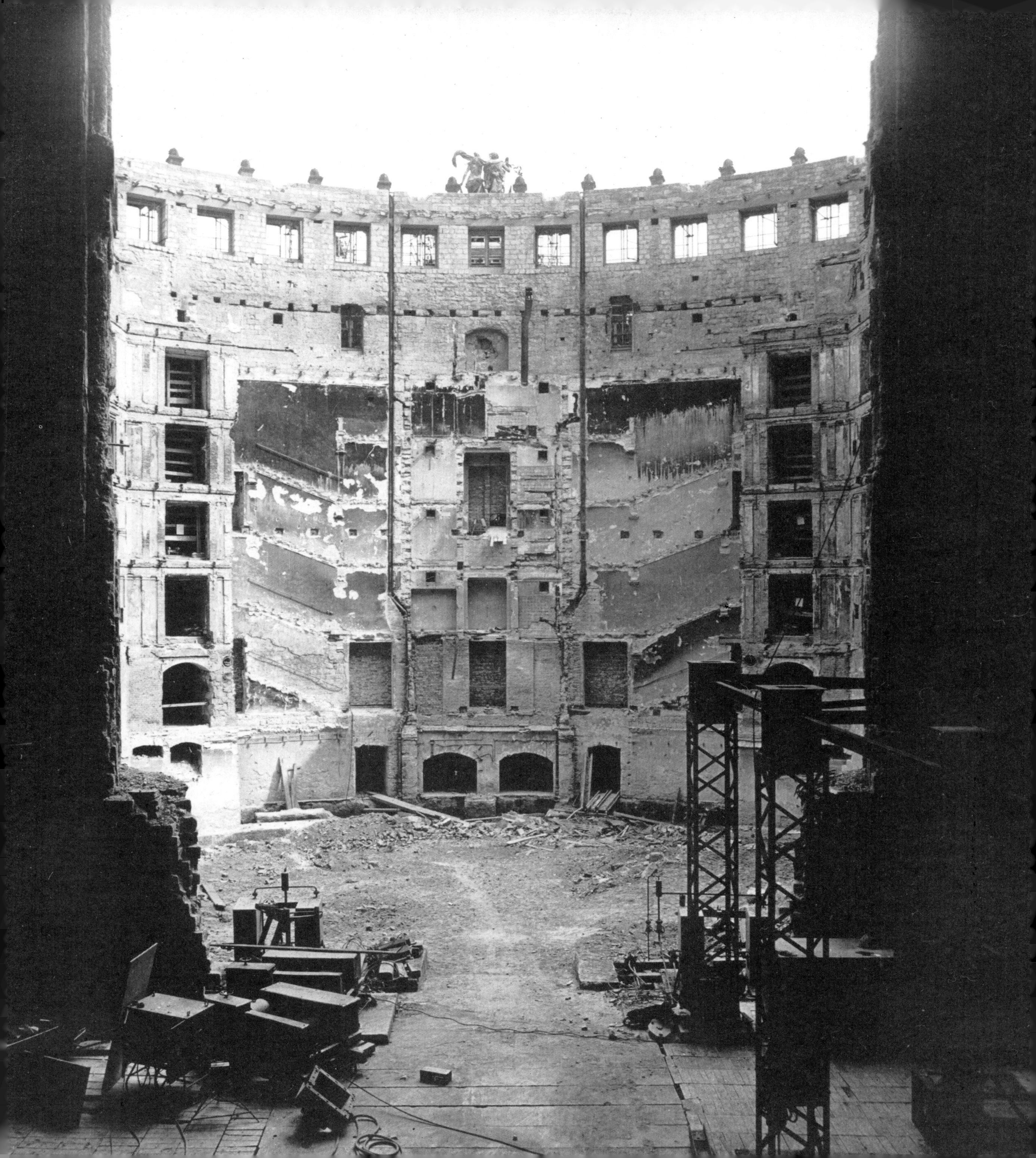

Oktober 1978

August 1978

Vorhergehende Seite: Bühnenhaus. Rekonstruktionsarbeiten. Ein Drittel der 1,20 m bis 1,40 m dicken Außenwände des 44,0 m hohen Gebäudeteiles war durch Brand stark zertört. Außerdem müssen zwei Portale durch das vorhandene Mauerwerk gebrochen werden, um die Verbindung von der Hauptbühne zu den neu entstehenden Seitenbühnen herzustellen. Zur Sicherung der Außenwände sind innen und außen Stahlbetonschalen aufgebracht, die mit 1400 Spannankern (an den Portalwänden zu erkennen) untereinander verbunden sind.

Baustelle bei Nacht

November 1978

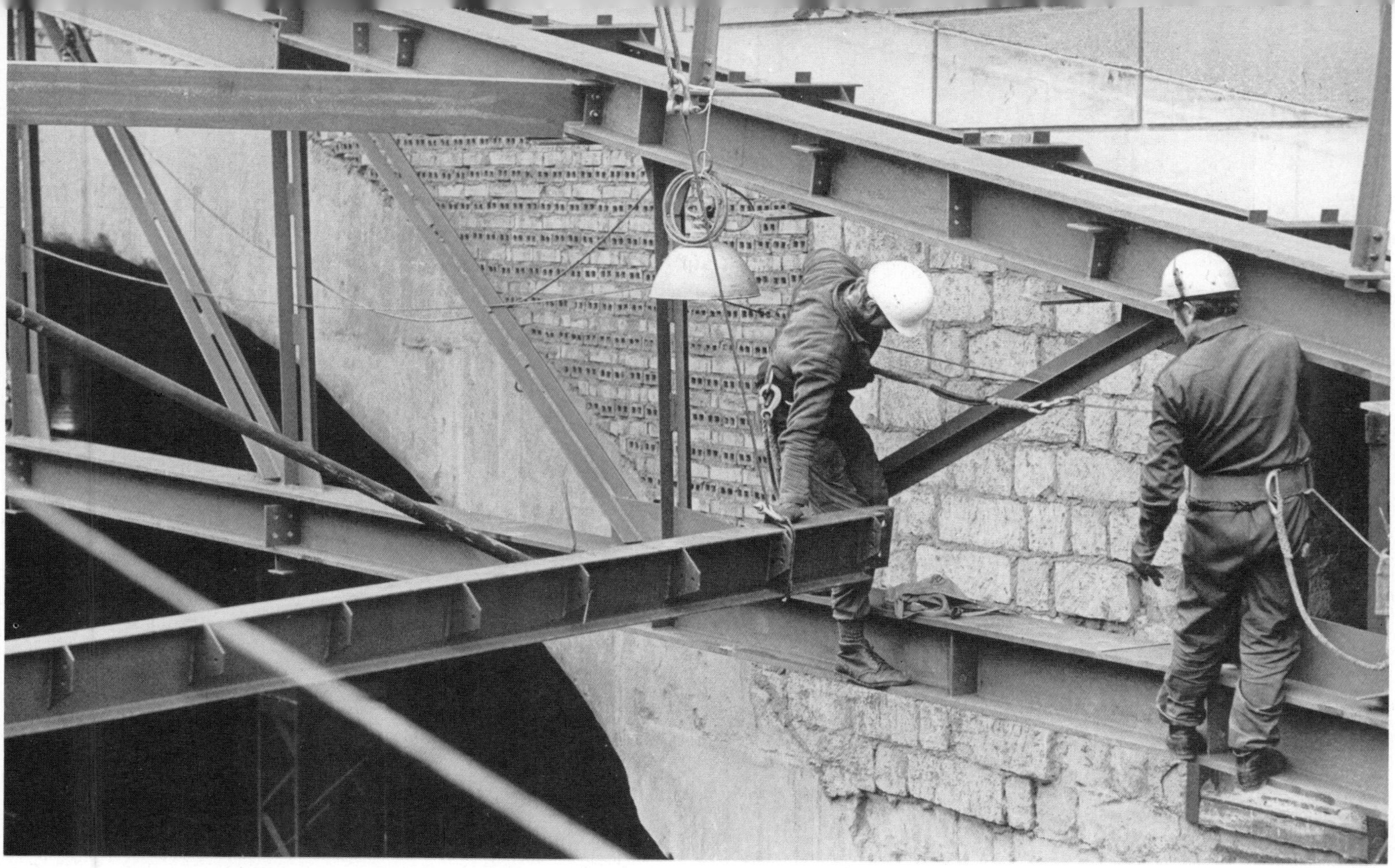

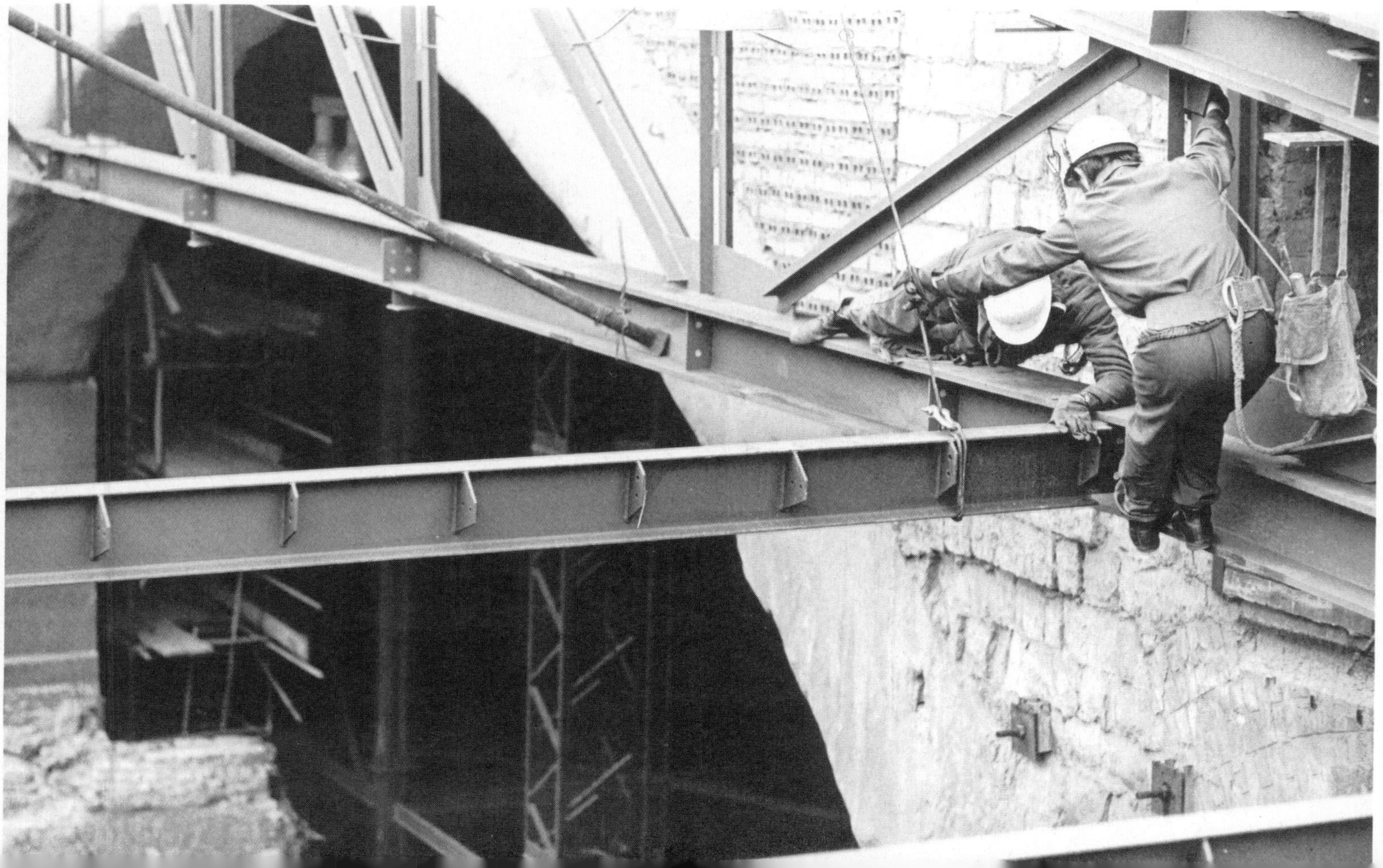

Oktober 1978   November 1978

Vorhergehende Seiten: Zuschauerraum.
Stahlbinder der neuen Dachkonstruktion
werden montiert

November 1978

Zuschauerraum. Montage des letzten Fachwerkbinders der neuen Dachkonstruktion am 10. November 1978

November 1978

Baustelle. Zur Montage der neuen Dachkonstruktion wird ein Spezialkran eingesetzt.

November 1978

Baustelle. Ein System von Tiefbrunnen wird um die Baustelle angelegt, um das Grundwasser während der Bauzeit abzusenken, da alle neuen Bauwerksteile tiefer als die ursprünglichen Fundamente gegründet werden, um zusätzliche Räume zu schaffen.

November 1978

November 1978

November 1978

November 1978

Vorhergehende Seiten: Zuschauerraum. Stahlträger der neuen Dachkonstruktion

Bühnenhaus. Raumausfachung zur technologischen Stabilisierung

Linke Seite: Zuschauerraum. Stahlbetonkonstruktionen der Ränge entstehen

Bühnenportal. Dahinter Gitterstützen zur Sicherung des Bühnenhauses

November 1978

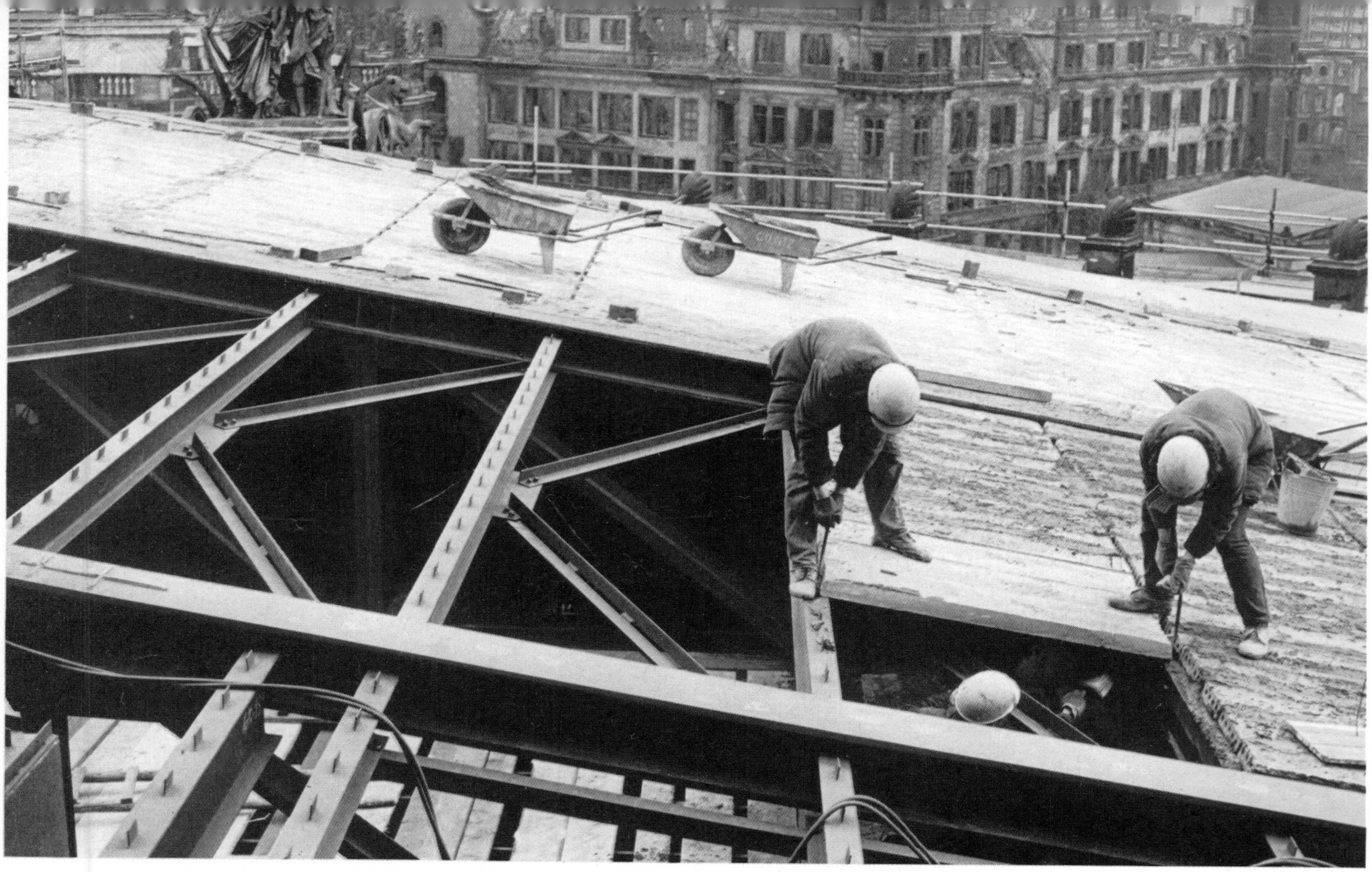

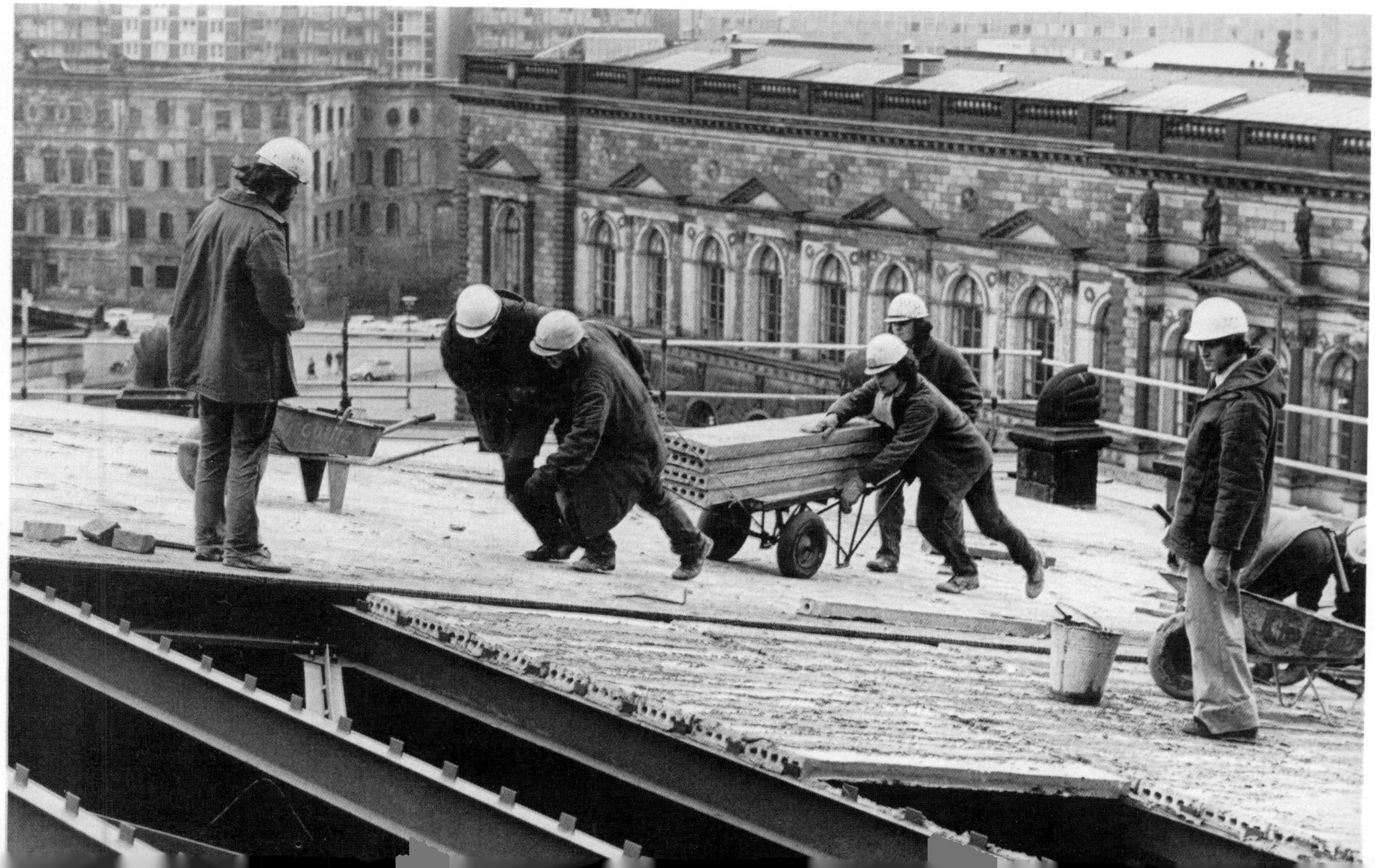

Linke Seite: Zuschauerraum. Stahlbeton-
hohldielen der Dachhaut werden verlegt

Bühnenhaus. Aufbringen des Kupferdaches
durch Dachklempner (VEB Technische
Gebäudeausrüstung Dresden)

November 1978   März 1980

**Bühnenhaus und Seitenbühnen
1979–1981**

Vorstellungshaus. Fassadenarbeiten und
Rekonstruktion der Exedra

Mai 1979

Zwingerseitige Seitenbühne. Errichtung des Rohbaus

Mai 1979

Bühnenhaus. Nach Abbruch des zwingerseitigen Garderobentraktes

Januar 1979

Bühnenhaus. Vorbereitung des Portaldurchbruchs zur Seitenbühne

Juni 1979

Bühnenhaus. Elbseite. Montage einer der 9,5 Tonnen schweren Auflagerstützen für den Gitterträger des Seitenbühnenportals

Oktober 1980

Bühnenhaus. Elbseite. Einfahren des
11,0 Tonnen schweren Fachwerkträgers
über dem Seitenbühnenportal

Oktober 1980

Mai 1978

Linke Seite: Bühnenhaus. Zwingerseite. Vor dem Durchbruch des Seitenbühnenportals

Bühnenhaus. Zwingerseite. Seitenbühnenportal. Eingebrachte Gitterträger fangen Lasten von 110 Kilonewton je Meter auf.

März 1980

Mai 1979

Zwingerseitige Seitenbühne. Errichten des
Stahlbetonrohbaus

Februar 1979

Seitenbühne. Elbseite. Versetzen eines Schlußsteines in der Bogengliederung der Sandsteinfassade

Rechte Seite: Baustelle. Vorstellungshaus und Rohbau des Funktionsgebäudes. Vom Zwingerwall gesehen

November 1981

Januar 1982

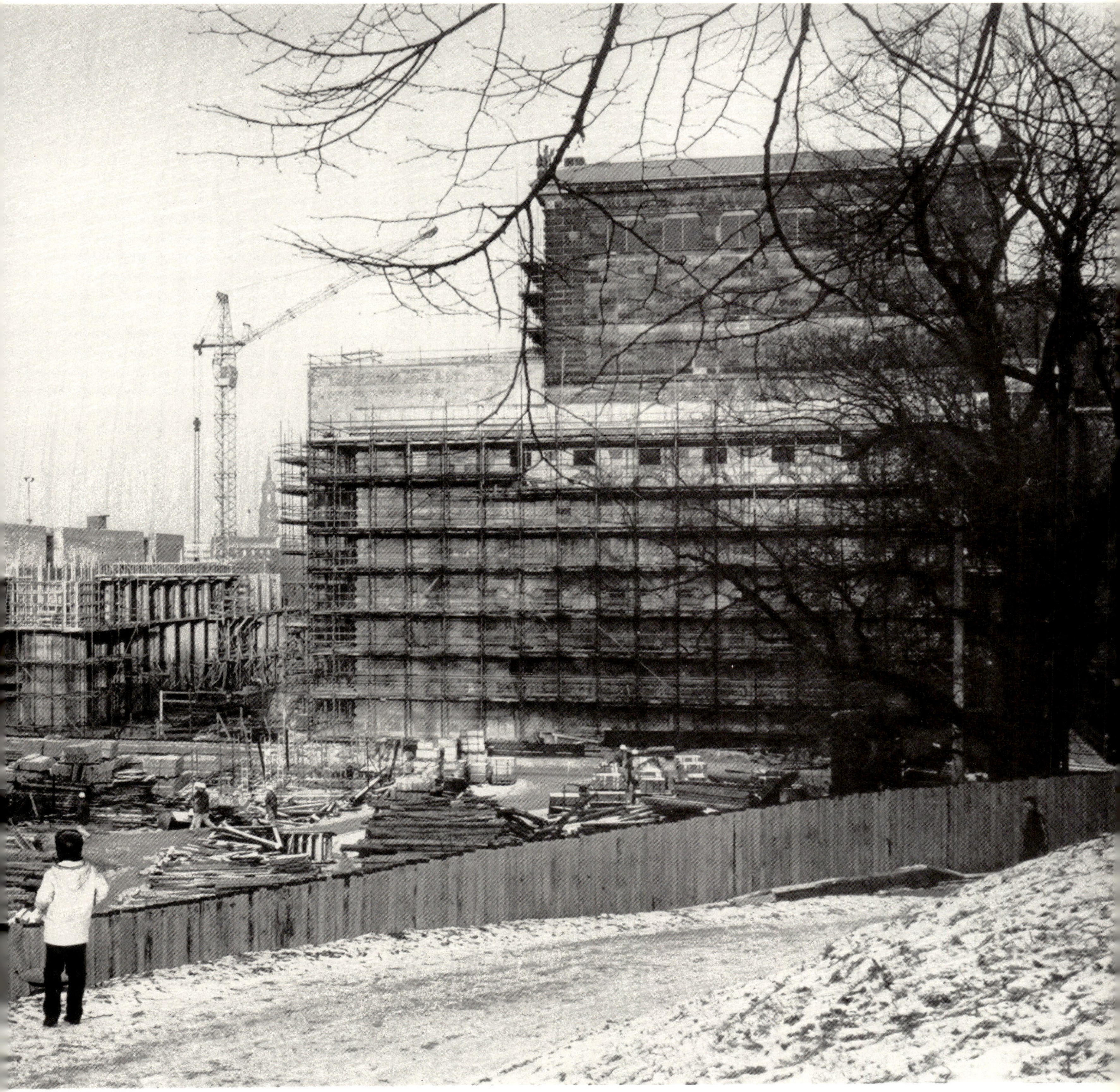

Vorstellungshaus. Elbseite. Rohbau der
Seitenbühne

Rechte Seite: Elbseitige Seitenbühne.
Montage der Dachkonstruktionen

September 1980

November 1980

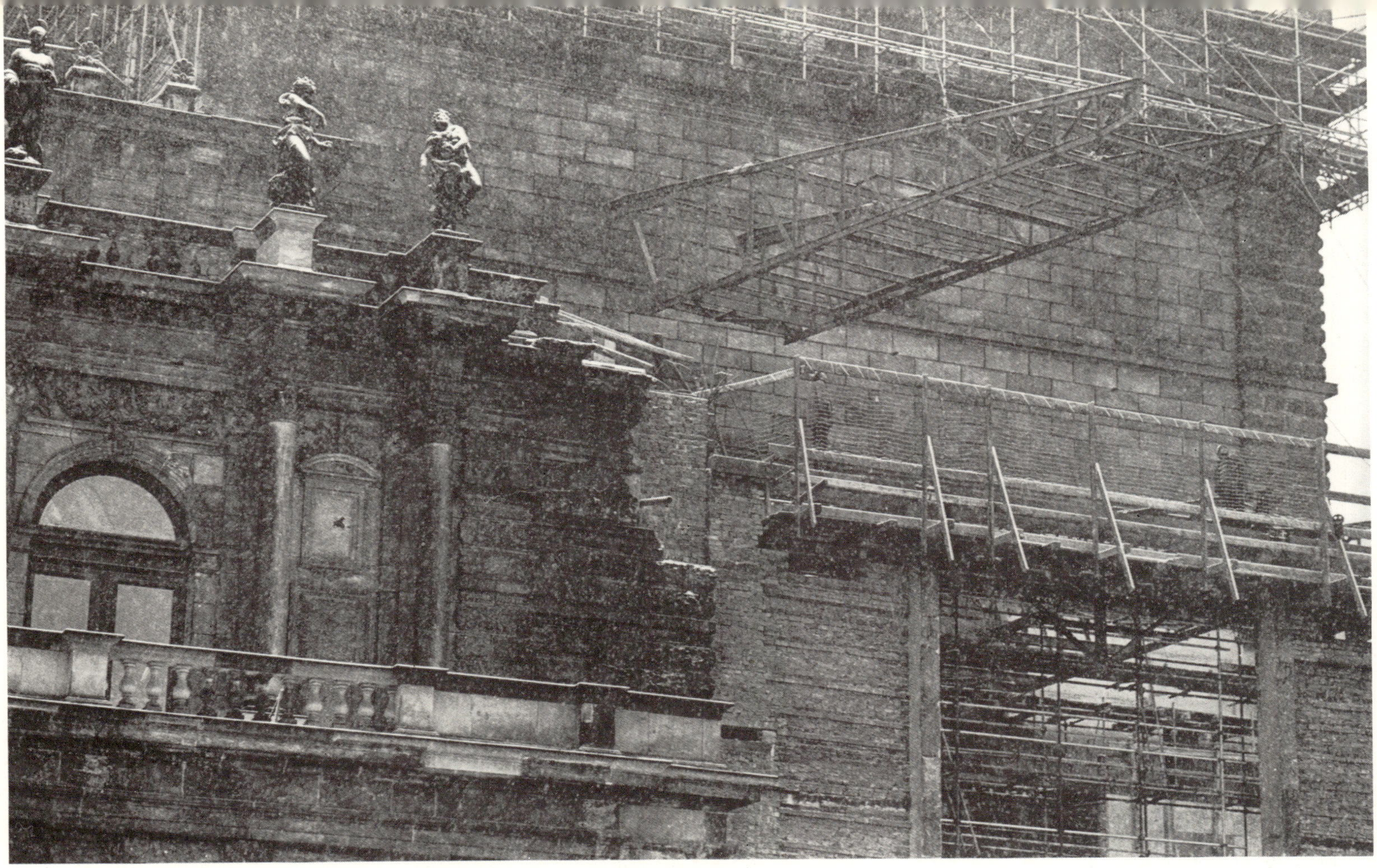

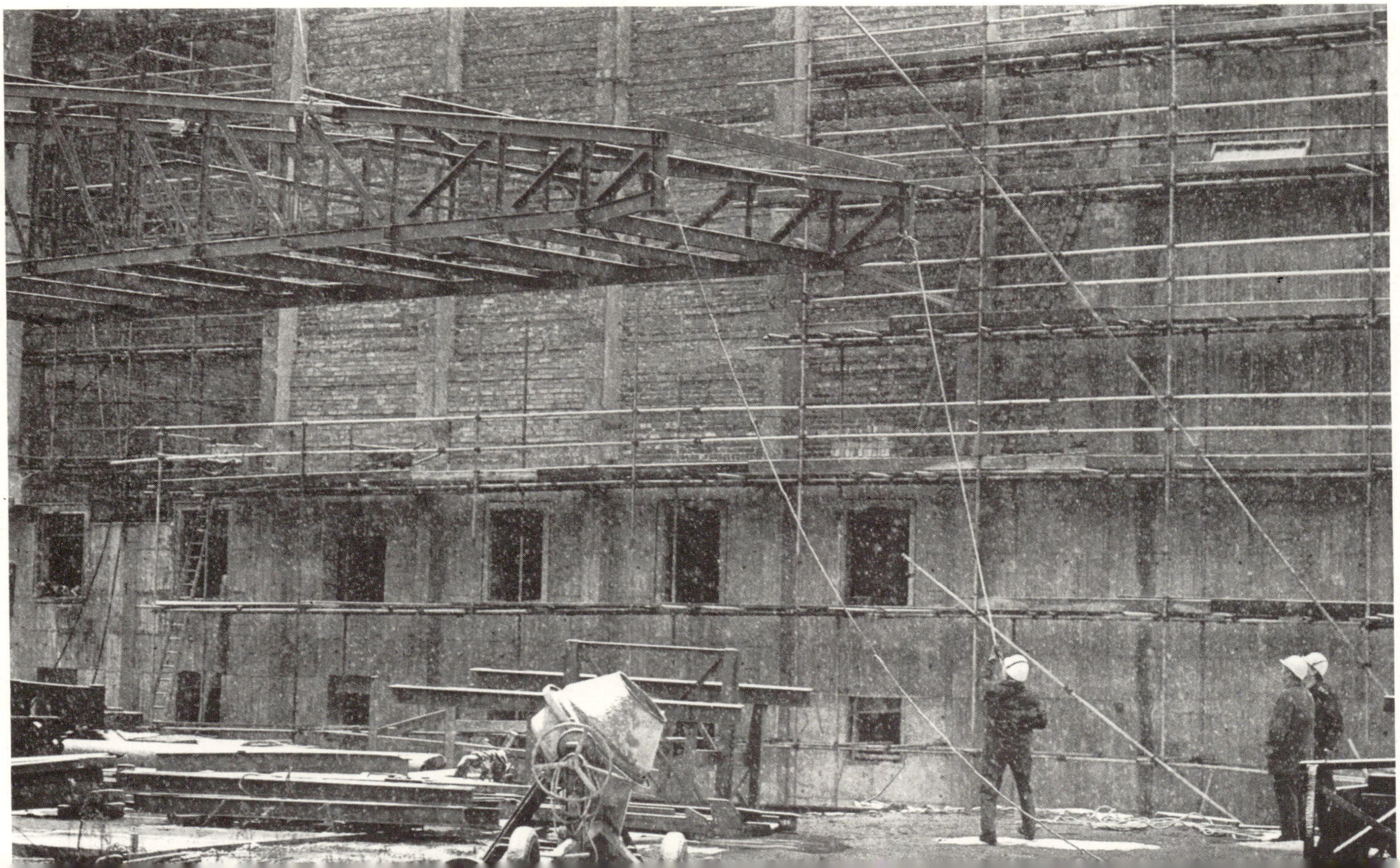

Bühnenhaus. Rekonstruktion des Daches

Rechte Seite: Bühnenhaus. Demontage der Raumausfachung

April 1979

Oktober 1980

Hinterbühne. Montage der Stahlfachwerkträger für die Zwischendecke. Darüber entsteht der Orchesterprobenraum der Dresdner Staatskapelle.

Hinterbühne. Stahlbetonarbeiten im Dachbereich

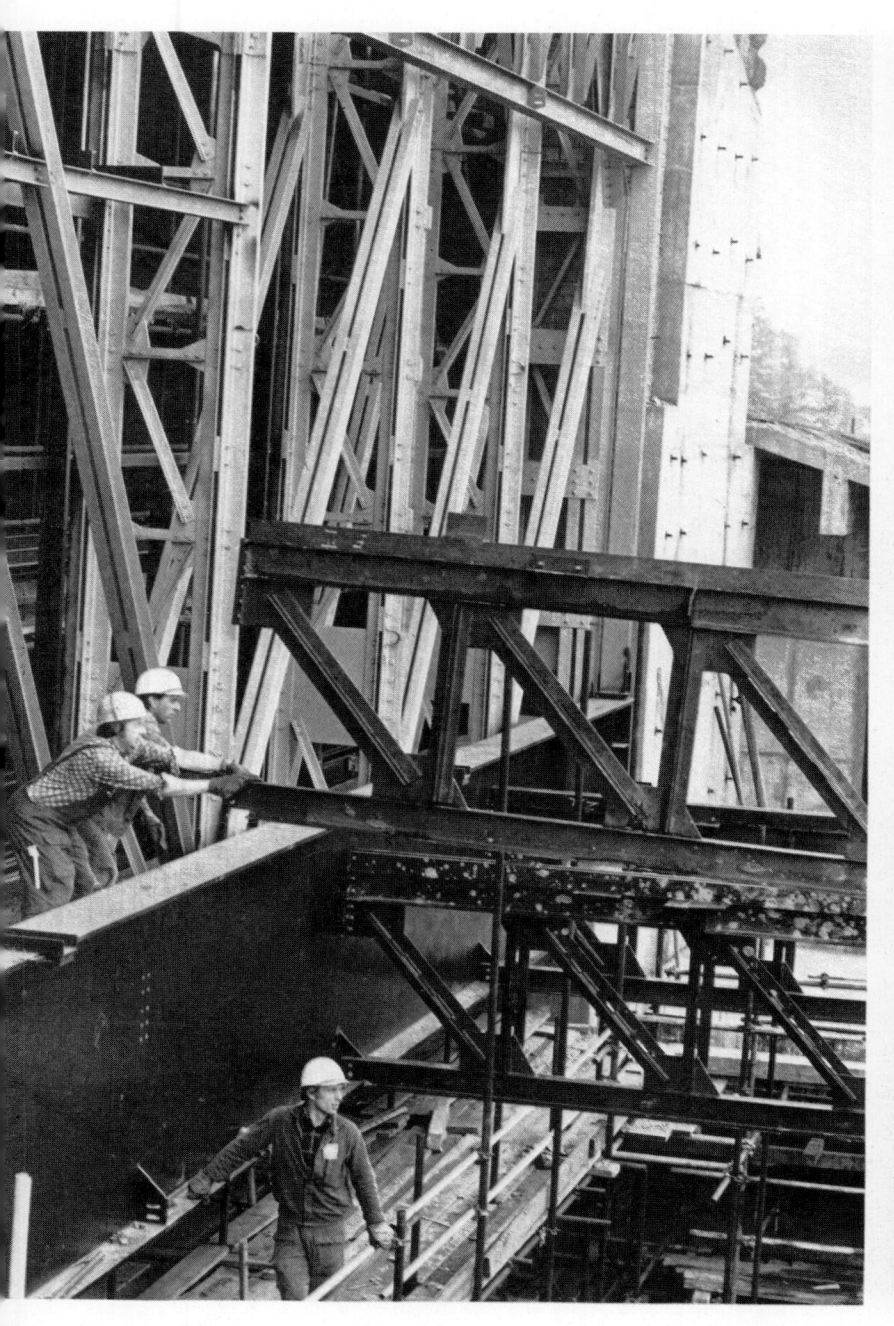

September 1981

November 1981

Vorstellungshaus. Rückseite. Vor der Fertigstellung

Oktober 1981

Zuschauerraum und Bühnenhaus 1979–1981

Februar 1980

Zuschauerraum. Konstruktive Sicherungsmaßnahmen der vorhandenen Bausubstanz vor dem Neuaufbau der Ränge im Zuschauerraum sowie den Baggerarbeiten für neue tieferliegende Kellergeschosse

Arbeitsplatz der Steinmetzen. 1300 m³ Sandsteinblöcke werden zu Rustika-Quadern, Ornamenten, Treppenanlagen, Balustraden u. a. verarbeitet.

August 1981

Zuschauerraum. Bau der tiefliegenden Kellergeschosse. Auch die rechte Seite

Folgende vier Seiten: Zuschauerraum. »Transportschleuse« vom Zuschauerraum durch das Bühnenhaus – einziger Weg für den Abtransport aller Abbruch- und Baggermassen sowie den Antransport der Baumaterialien und Ausrüstungen (linke Seiten)

Zuschauerraum. Elbseite. Beginn der Arbeiten an der Stahlbetonkonstruktion für die neuen Ränge (rechte Seiten)

April 1979

Juni 1979

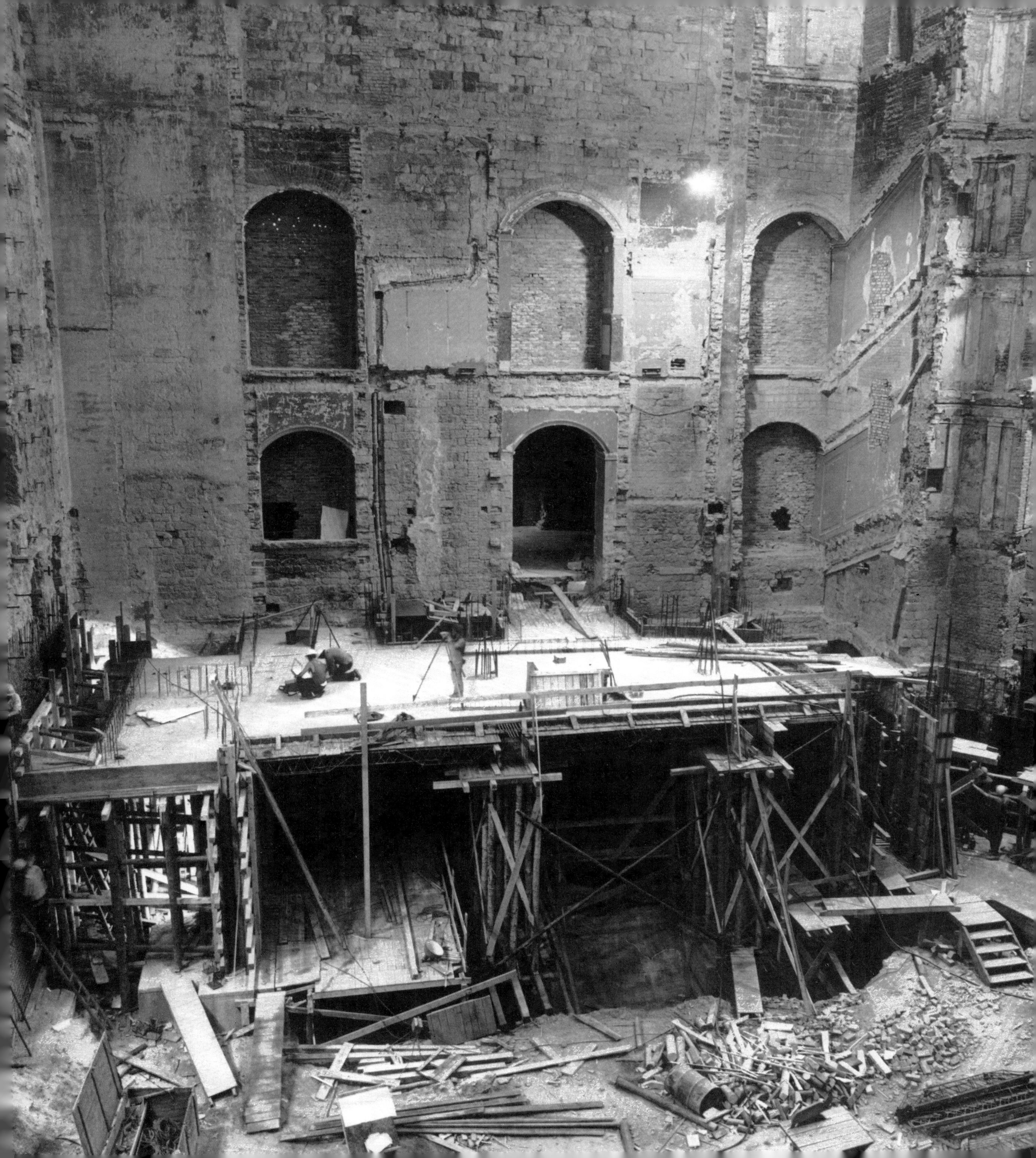

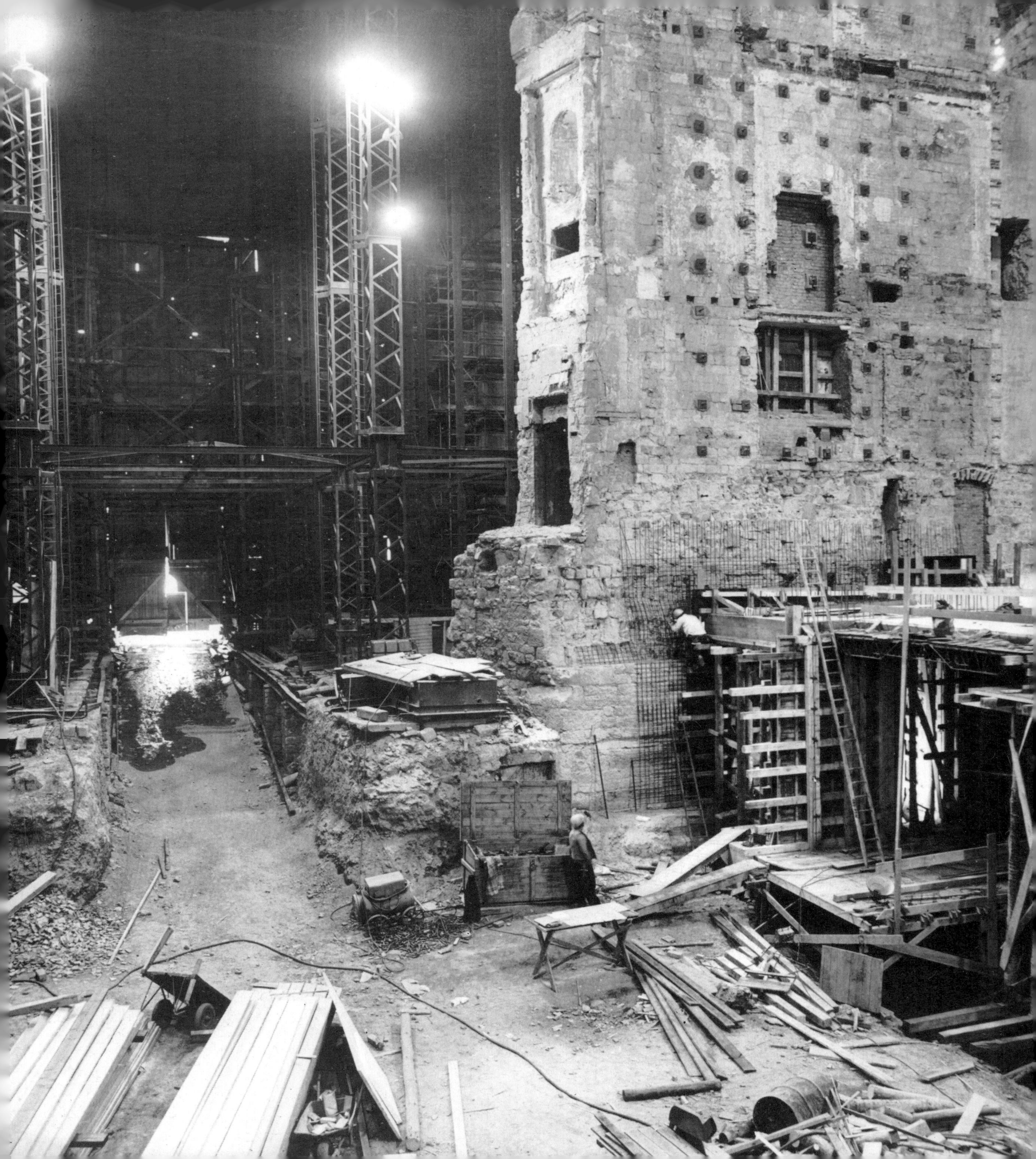

Juni 1979   Juli 1979

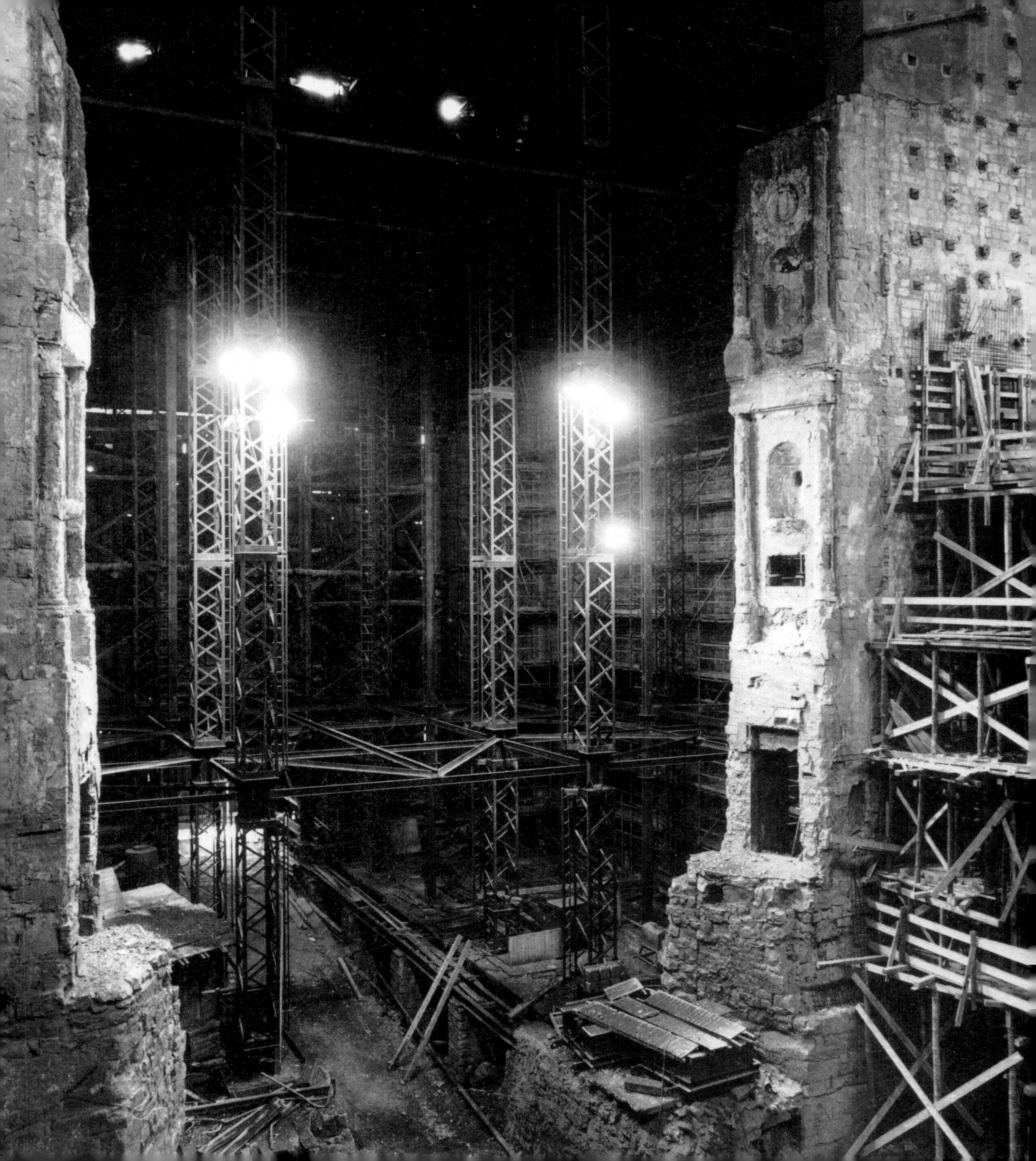

September 1979   September 1979

November 1979

November 1979

160

Zuschauerraum. Die hufeisenförmig gekrümmten Ränge fallen vom Scheitel bis zu den Proszeniumslogen um etwa 60 cm ab, um bessere Sichtbeziehungen zur Bühne zu ermöglichen. Während auf der Zwingerseite des Zuschauerraumes noch Abbrucharbeiten geleistet werden müssen, sind die neuen Stahlbetonränge auf der Elbseite nahezu fertig.

Oktober 1979

November 1979

Linke Seite: Zuschauerraum. Abbruch des
letzten Segments der Logenumgänge

Unteres Rundfoyer. Abschluß der Weißstuck-
arbeiten

Juli 1979

163

Zuschauerraum. Montage der Kolonnade oberhalb des vierten Ranges aus vorgefertigten Stuckelementen

Dezember 1979

Zuschauerraum. Das kräftige Randprofil des Deckenplafonds wird als Rabitzkonstruktion mit Schablonen gezogen.

März 1981

165

Oktober 1980

Linke Seite: Zuschauerraum. Die Kellergeschosse unterhalb des Parketts entstehen. Verbindung neuer Bauwerksteile mit vorhandener Altbausubstanz

Zuschauerraum. Mit PVC-Folien gegen eindringendes Grundwasser abgedichtete Wannenkonstruktionen für tiefliegende Gebäudeteile.

März 1980

März 1980

August 1980

August 1980

August 1980

Vorhergehende Seiten: Zuschauerraum. Arbeiten im Parkettbereich. Um diese nicht zu behindern, sind die Gerüste für die Ränge an die Stahldachkonstruktion angehängt.

Zuschauerraum. Betonarbeiten. Über Förderleitungen wird der Beton von außen zur jeweiligen Verarbeitungsstelle gedrückt.

Dezember 1980

Oktober 1980

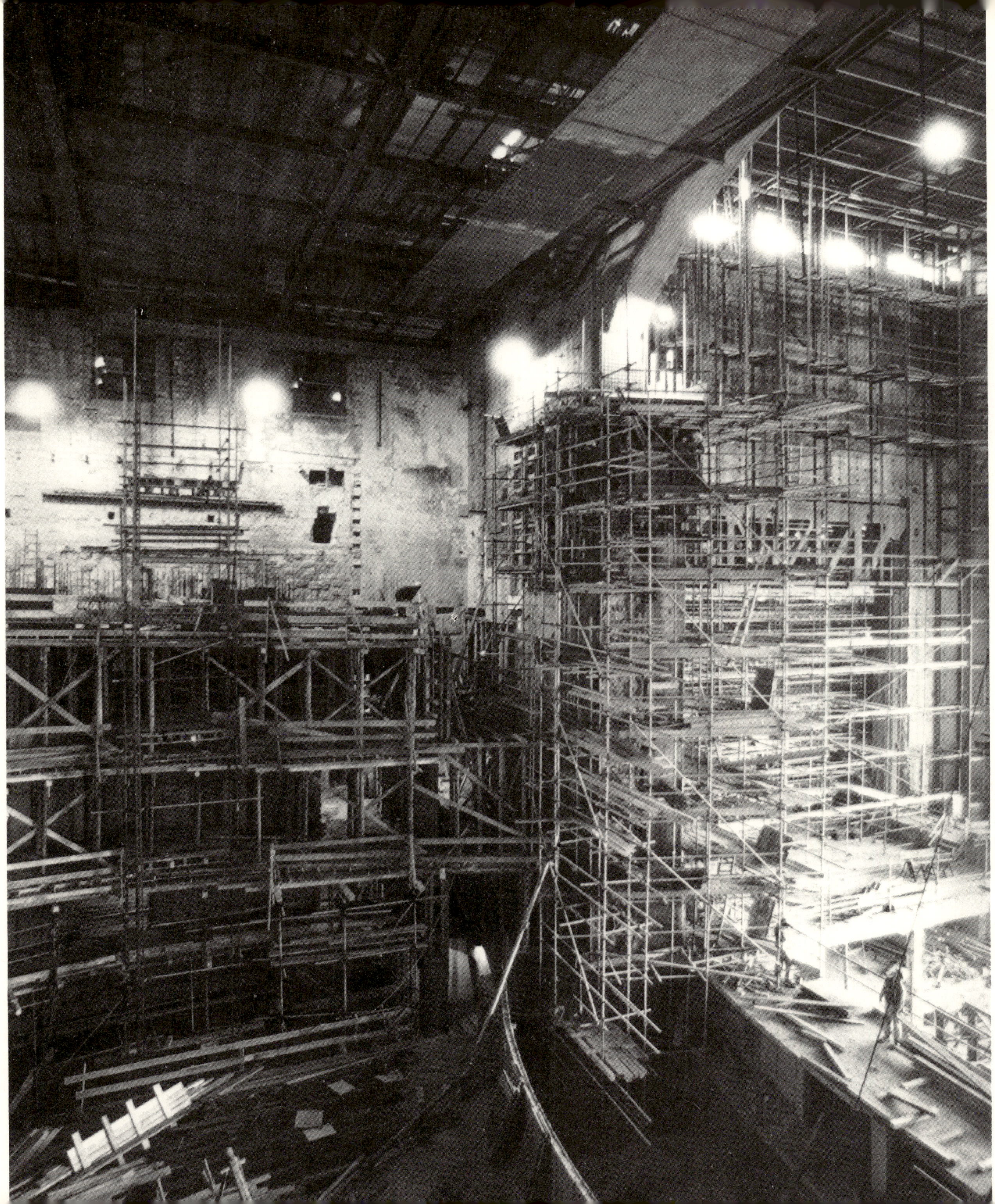

Vorhergehende Seite und links:
Zuschauerraum. Stahlbetonarbeiten an
der Zwingerseite des Bühnenportals

Rechts: Blick in die Unterbühne

Rechte Seite: Zuschauerraum. Stukkateure
arbeiten an den Rängen der Elbseite.

Oktober 1980

August 1980

Oktober 1980

Oktober 1980

Linke Seite: Zuschauerraum. Der erste Bauabschnitt der hufeisenförmigen Rangbrüstungen aus Weißstuck ist fertiggestellt.

Bühnenhaus. Blick durch das Hinterbühnenportal auf erste Bauarbeiten am Funktionsgebäude. Im Bühnenhaus dient ein Derrickkran der Ausrüstungsmontage.

November 1980

Baustelle in den Morgenstunden

Januar 1981

Bühnenhaus. Montage des Randbinders für die Dachkonstruktion der Hinterbühne parallel zur Hauptbühnenwand

Juni 1981

Künstler 1978–1983

Baustelle im Sommer 1982

Rechte Seite: Zuschauerraum. Bühnenportal. Plafond und Friesbild sind fertiggestellt. Die Fünfminutenuhr über dem Bühnenportal, ursprünglich von Hofmechanikus Guthäs gebaut, wird nach einem Modell im Mathematisch-Physikalischen Salon des Zwingers durch die Spezialwerkstätten für Turmuhren in Meißen wiederhergestellt.

Juni 1982

Juni 1982

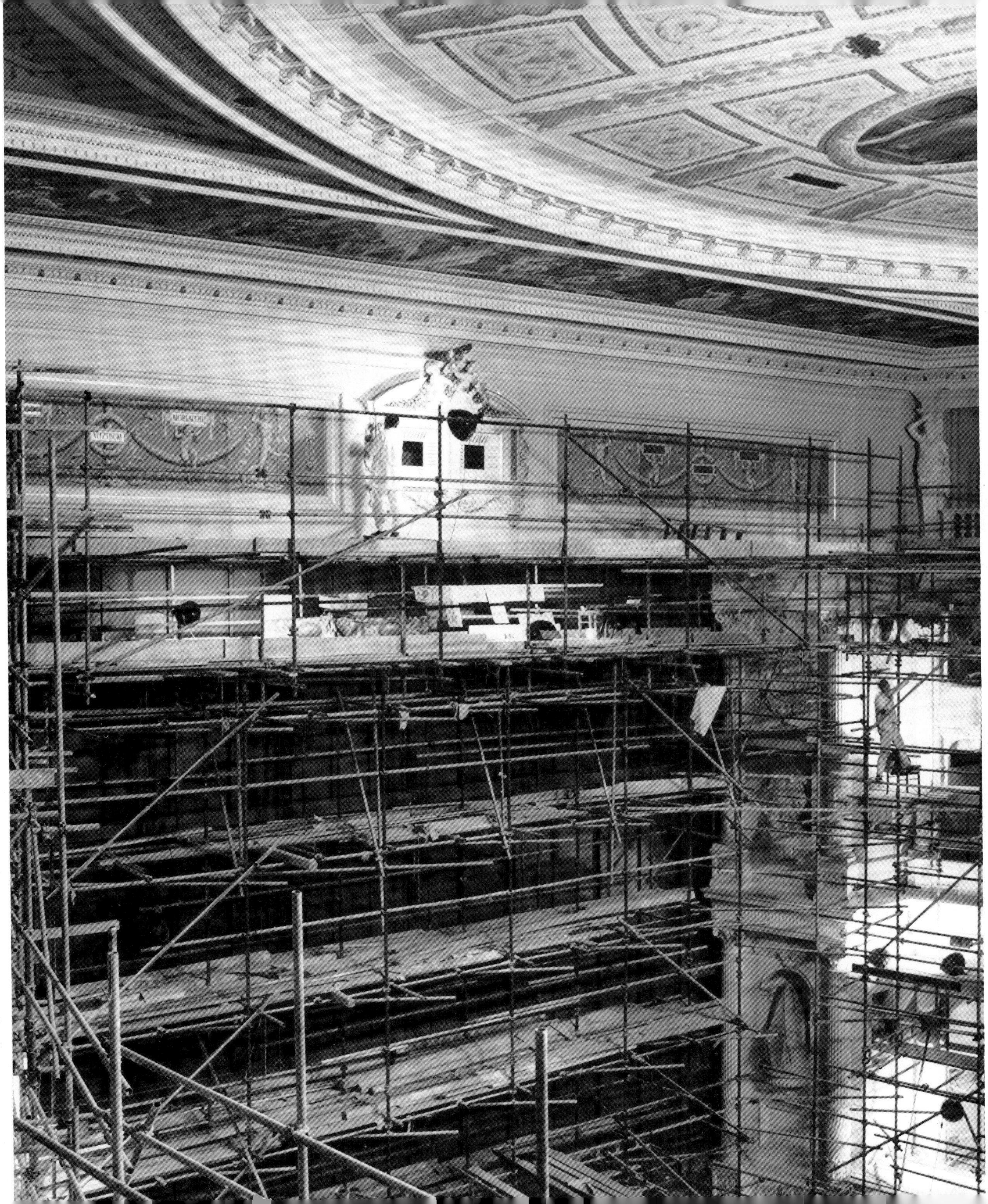
VITZTHUM
MORLACCHI

November 1980

Januar 1981

180

Arbeiten an ornamentalem und figürlichem Schmuck. In einem provisorischen Atelier auf dem Theaterplatz entstehen die Elemente des plastischen Schmucks, auch für das Bühnenportal. Von links nach rechts: Maske, Plastiken von Tyche und Psyche, Säulenpostament

Januar 1981

November 1980

November 1980

Linke Seite: Schmuckvorhang. Der Karton wird in Originalgröße vorgezeichnet.

Schmuckvorhang. Von Ferdinand Keller entworfen. Das Bild »Phantasie mit Fackel der Begeisterung, Dicht- und Tonkunst zur Seite« und seine dekorative Rahmung entstehen in vierjähriger künstlerischer Arbeit wieder nach dem vorhandenen Originalentwurf und nach Fotos. Der Vorhang hat eine Größe von 11,80 m × 15,70 m. Am 2. Juni 1984 wird er von den beteiligten Künstlern vom Atelier im Palais aus dem Großen Garten zur Semperoper getragen und erstmals feierlich aufgezogen.

Schmuckvorhang. Erste von Helmar Helas ausgeführte grafische Studien zur Rekonstruktion

April 1981

Proszeniumsfries über dem Bühnenportal. Das 18,10 m lange und 2,40 m breite Bild »Die poetische Gerechtigkeit mit Helden aus Drama und Oper« von James Marshall wird nach einem Holzstich von Theodor Langer rekonstruiert.

Januar 1981

Januar 1982

Linke Seite: Plafond des Zuschauerraumes. Vier Ovalbilder stellen personifiziert das griechische, englische, französische und deutsche Drama dar – eine Huldigung Sempers an die bedeutendsten Theaternationen.

Plafond im zwingerseitigen Vestibül. Grafische Skizze von Helmut Symmangk als Vorstufe für die Neuschaffung des Gemäldes »Die poetische Gerechtigkeit«

Oktober 1978

188

Pantherquadriga von Johannes Schilling mit Dionysos und Ariadne. Ariadne trägt einen Blumenkranz anläßlich des Richtfestes am 25. September 1981.

September 1981

Theaterplatzfassade. Plastischer Schmuck
aus der Frieszone

Februar 1979

Exedra. Die Gestaltung der Kalotte verweist durch Marmorinkrustationen auf die Farbigkeit der Innenarchitektur und macht sie vom Theaterplatz her sichtbar. Die drei Gemälde Paul Kieslings, die drei Grazien, Apoll und der stürzende Marsyas, von Musen flankiert, können auf Grund vorhandener Befunde rekonstruiert werden.

September 1981

Zuschauerraum
1981–1983

Zuschauerraum. Während des Ausbaus der Ränge wird durch besondere Gerüstkonstruktionen der gesamte Zuschauerraum mit einer Raumbreite von 26,86 m und einer Raumtiefe von 24,09 m überspannt, um Baufreiheitsbedingungen für die gleichzeitige Arbeit am Plafond und im Parkett zu schaffen.

Januar 1982

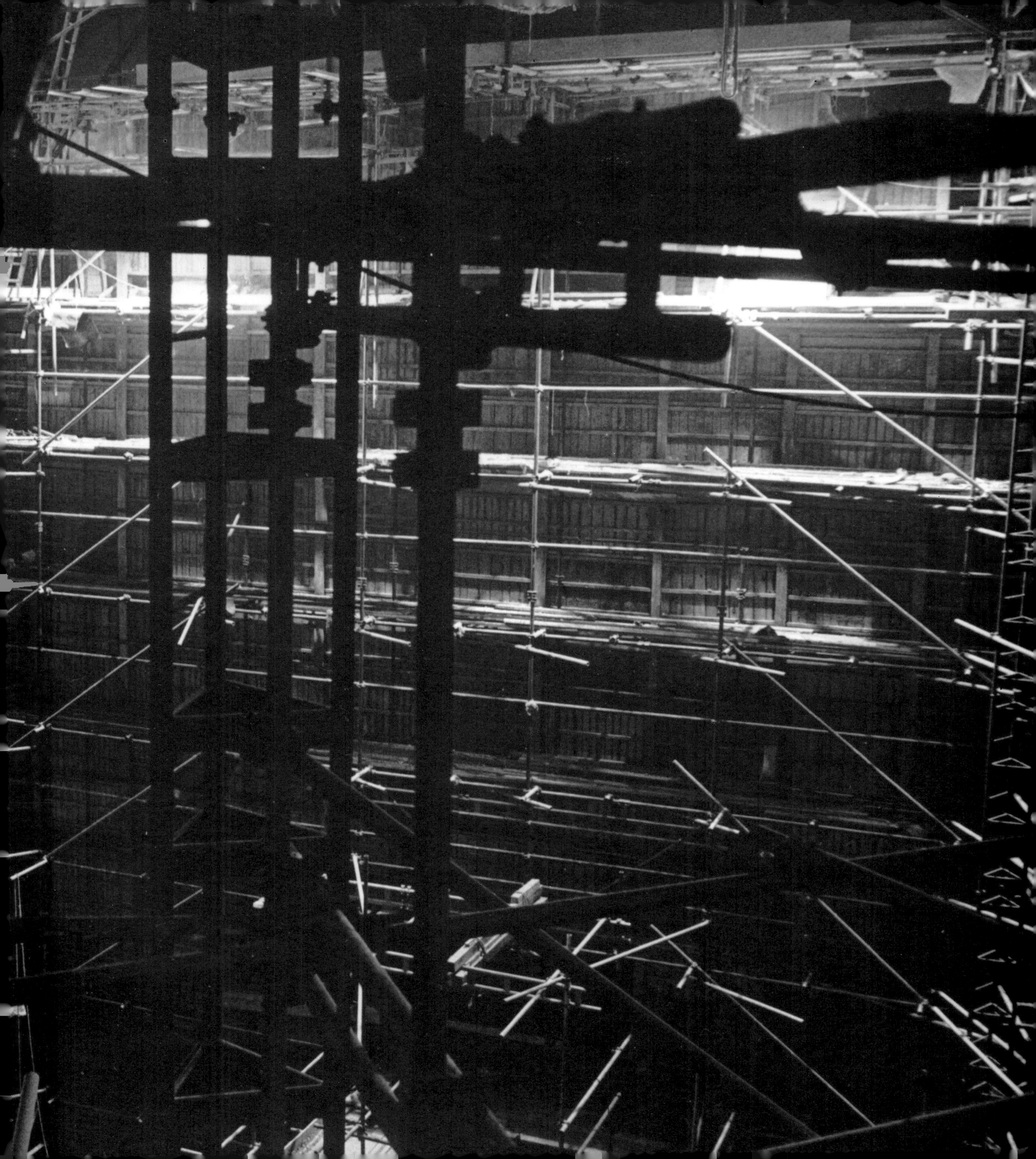

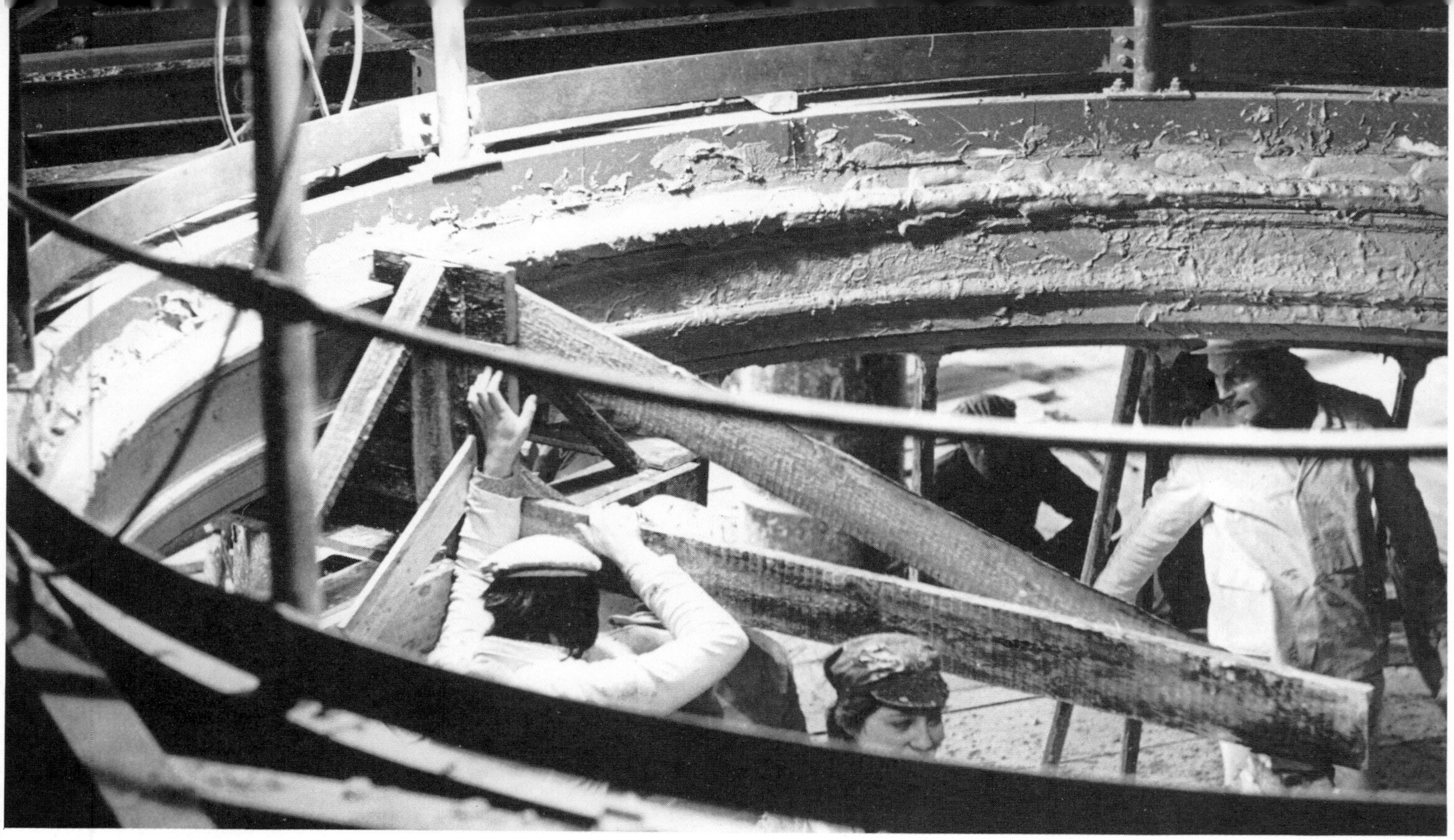
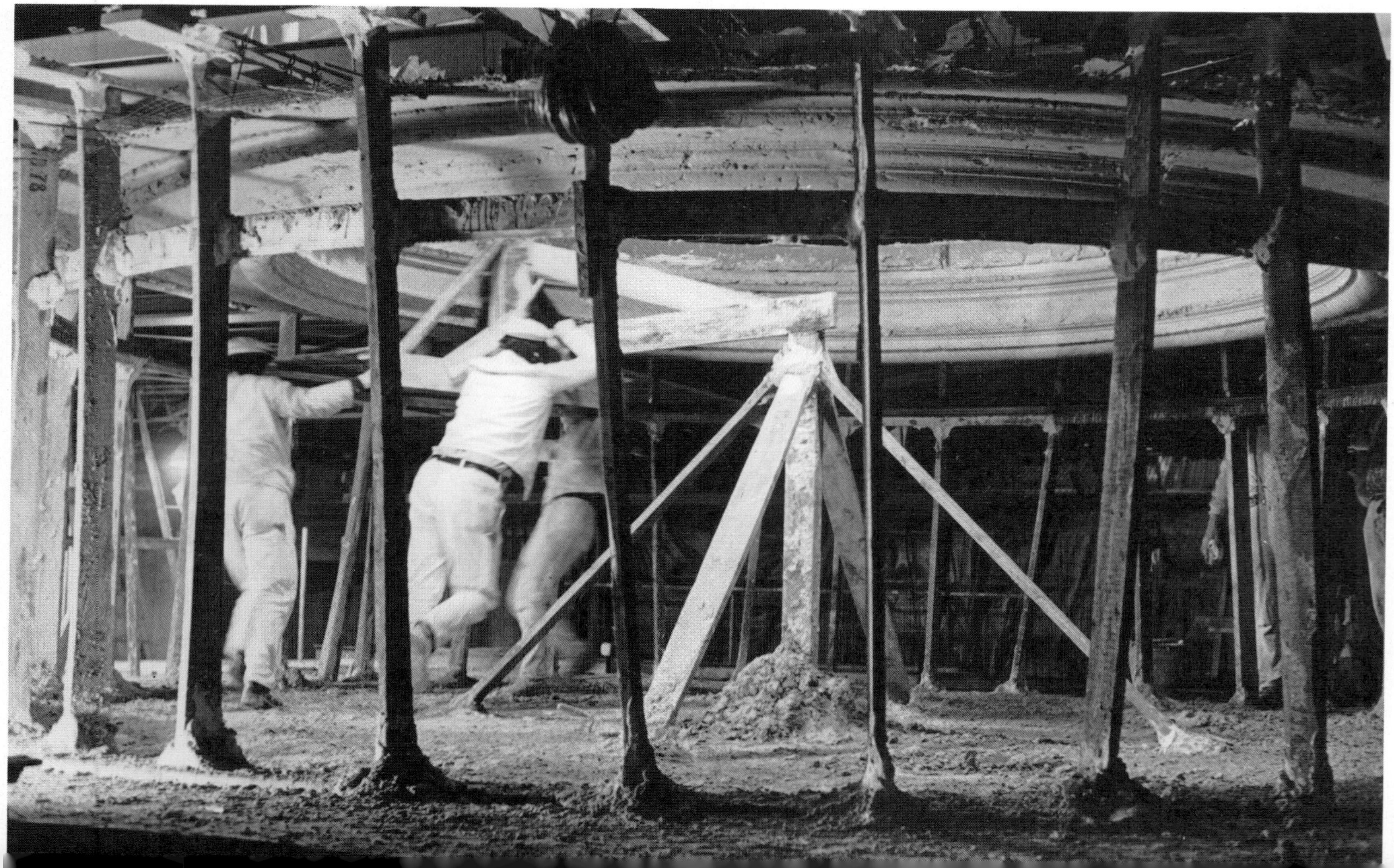

Zuschauerraum. Mitglieder der Stuckbrigade Richter (Wohnungsbaukombinat Dresden) ziehen mit einem »Schlitten« das Randprofil des »Kronleuchter-Auges«, dessen Durchmesser 4,0 m beträgt.

Januar 1981   Januar 1981

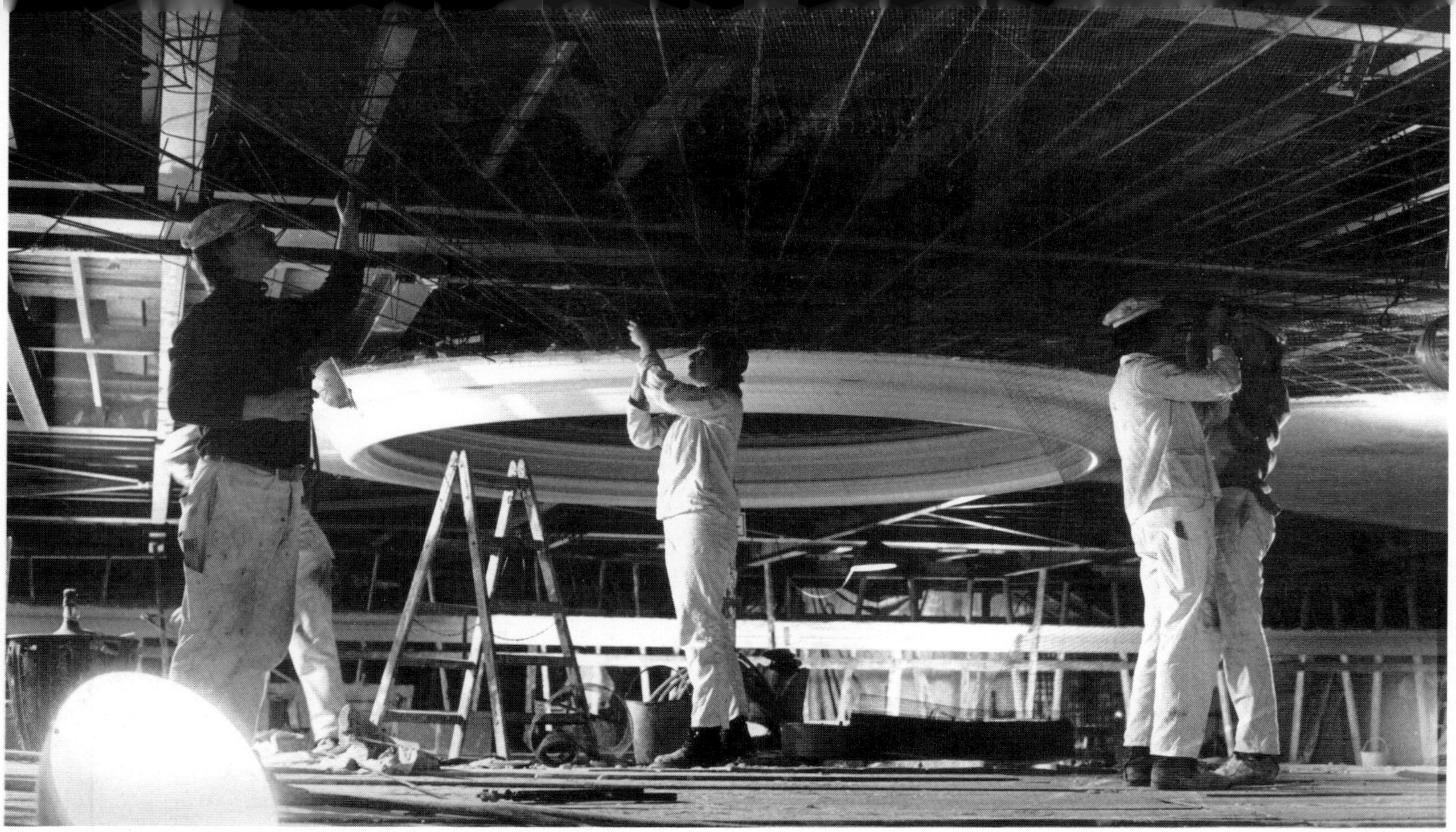

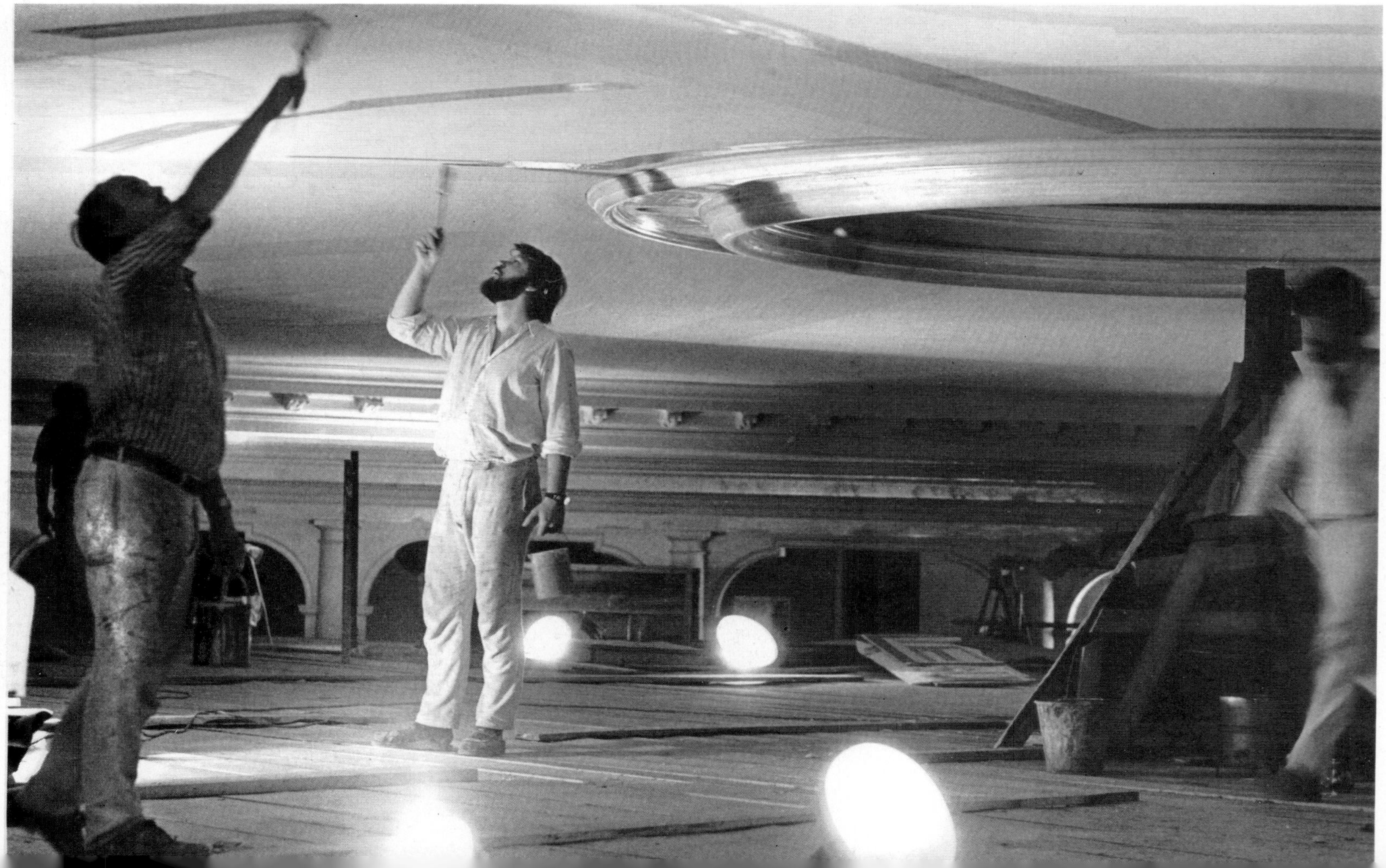

Linke Seite: Zuschauerraum. Der Plafond ist aus Stuckrabitz hergestellt und wird danach mit einer vorgeleimten Spezialleinwand beklebt. Die illusionistische Ausmalung in Leimfarbe mit Temperazusatz wird durch Kunstmaler und Handwerker (PGH Canaletto Dresden) ausgeführt.

Zuschauerraum. Befestigung des hölzernen Ziergitters am »Kronleuchter-Auge« im Plafond.

Februar 1981   Juli 1981   Januar 1982

Zuschauerraum. Fachleute (PGH Canaletto Dresden) und Kunstmaler kleben mit Bleiweißpaste ein Ovalbild des Plafonds in den vorbereiteten gemalten Rahmen ein.

Rechte Seite: Zuschauerraum. Arbeiten am Plafond, der am 28. Februar 1983 fertiggestellt ist.

Februar 1982

Januar 1982

Zuschauerraum. Der figürliche Schmuck der Rangbrüstungen, der über ein Abgußverfahren in Stuck vorgefertigt wurde, wird angesetzt.

Rechte Seite: Zuschauerraum. Baugerüstkonstruktionen unter dem Plafond

Februar 1982

Februar 1982

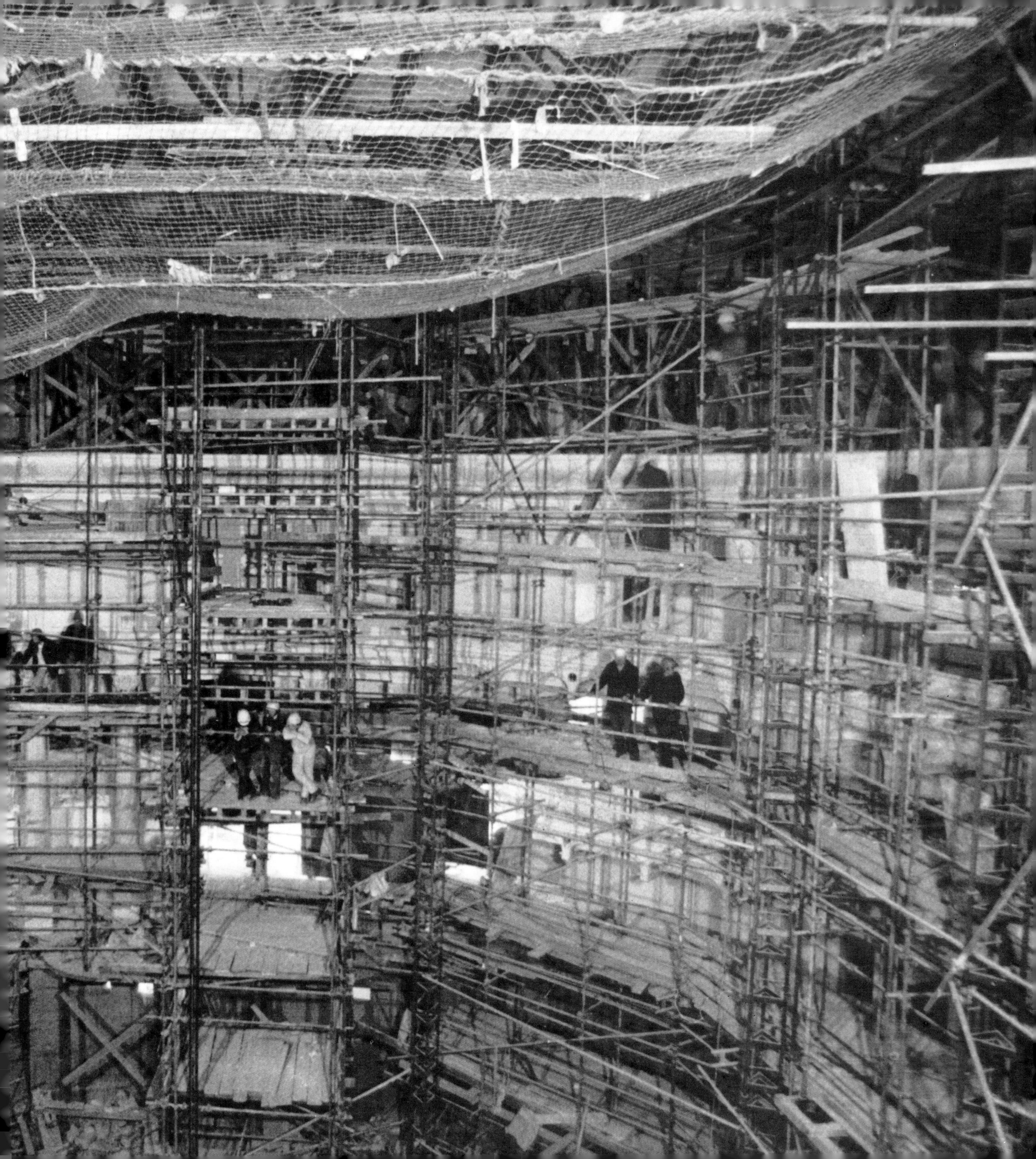

Mai 1982

Februar 1983

Vorhergehende Seiten: Zuschauerraum. Ziergitter des »Kronleuchter-Auges«, Durchblick und Ansicht

Zuschauerraum. Aufgenommen mit Fish Eye-Objektiv

Rechte Seite: Zuschauerraum. Arkade über dem vierten Rang

November 1982

Mai 1982

Dezember 1981

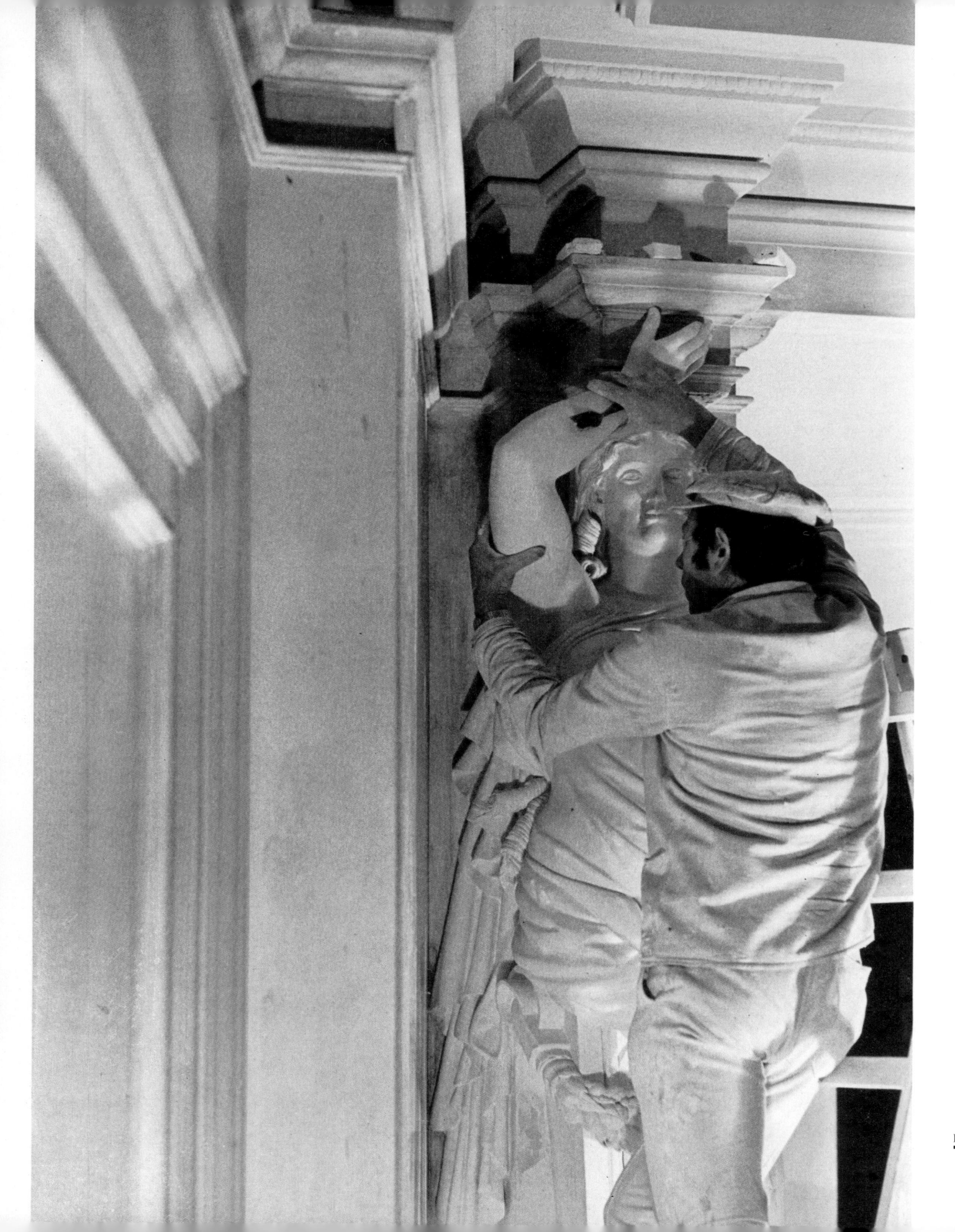

Linke Seite: Zuschauerraum. Montage einer Karyatide im Obergeschoß des Proszeniums durch den Stukkateur Fritz Peschel

Zuschauerraum. In den rechteckigen Ornamentfeldern rechts und links neben der Fünfminutenuhr werden die Namen ehemaliger Hofkapellmeister, Theaterdirektoren und Dramaturgen festgehalten.

Februar 1982

Rundfoyers und Vestibüle
1979–1983

Vestibül. Kunstmarmor nach dem Vorbild des grünen Cipollino-Marmors wird an den Säulen angebracht.

Mitte: Vestibül. Arbeiten an den Treppenbalustraden aus Serpentin, dem sogenannten Grünstein, aus Zöblitz im Westerzgebirge

Rechte Seite: Vestibül. Herstellen der Fußböden aus farbigem Terrazzo

Februar 1980

Juli 1980

Januar 1981

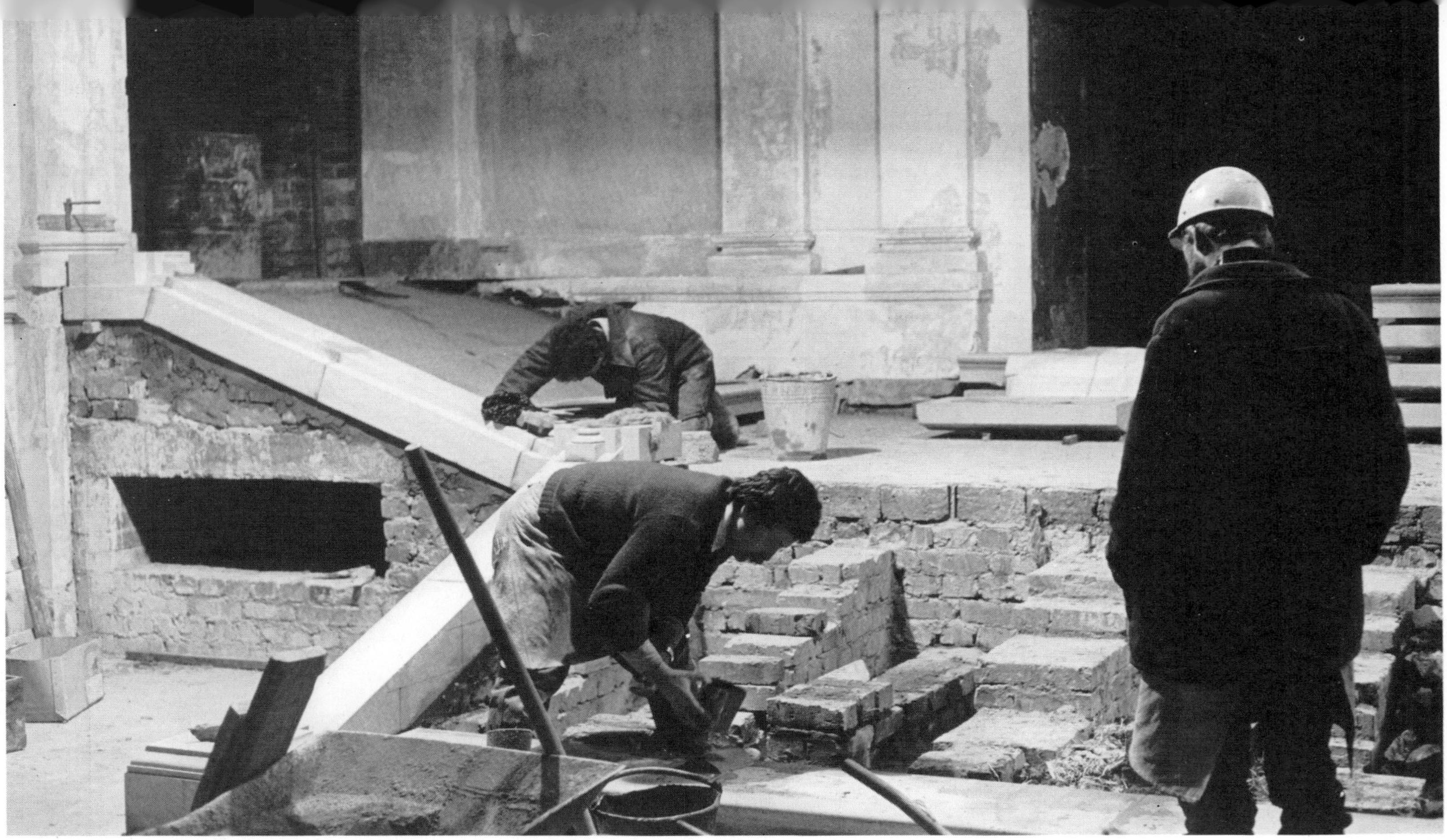

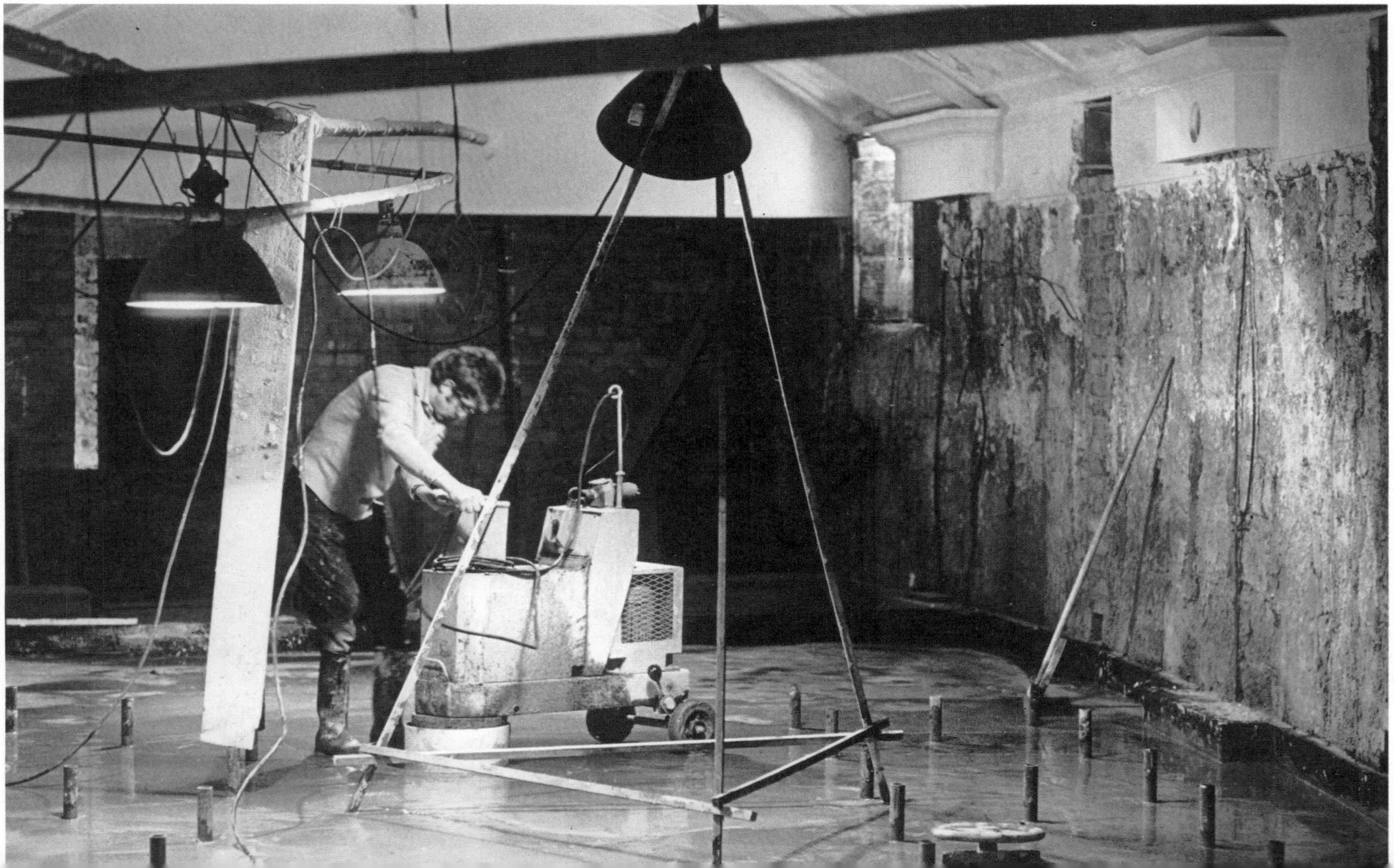

Linke Seite, oben: Vestibül. Erdgeschoß.
Bau der Treppe

Linke Seite, unten: Gaststätte im Kellergeschoß. Herstellen des Terrazzofußbodens

Mitglieder der Komplexbrigade Richter stellen alle farbigen Marmorimitationen her.

Januar 1982   Juni 1982   Januar 1979

211

Juni 1981

Oberes Rundfoyer. Schleifen und Montieren
der vorgefertigten Halbsäulen

Juni 1981

Juni 1981

April 1982

Linke Seite: Oberes Rundfoyer. Bearbeiten des dekorierten Schaftteiles einer Halbsäule

Oberes Rundfoyer. Einsetzen vorgefertigter Stuckprofile in die Fensternischen

Januar 1980

Januar 1980

Vestibül. Wiederherstellen der dekorativen Deckenmalereien. Die unter Wachsfarbenanstrichen von 1912 wiedergefundenen Ornamentpartien waren, ergänzt durch Fotos sowie Studien in Wien, die Grundlage zur Anfertigung von Kartons, die auf die Gewölbebereiche übertragen werden.

Juni 1979

Vestibül. Laubwerkornamente werden vom Karton auf einen Gurtbogen übertragen.

Elbseitiges Vestibül. Rekonstruktion eines Lünettenbildes. Als Durchblick in die Landschaft aufgefaßt, sind in den Lünetten Szenen aus Opern und Schauspielen dargestellt. Sie haben auf der Elbseite antike und auf der Zwingerseite romantische Stoffe zum Inhalt.

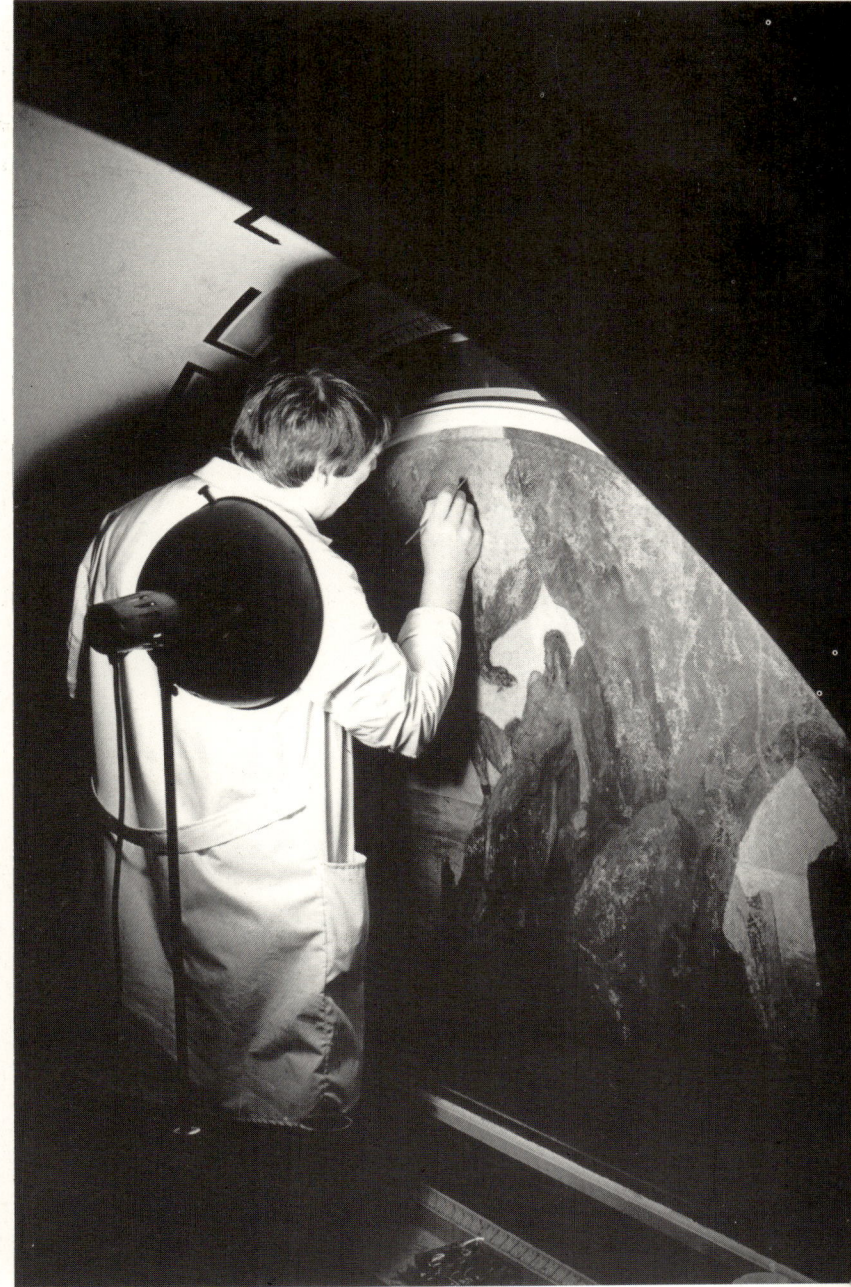

November 1980

November 1980

Februar 1983

Linke Seite: Unteres Rundfoyer. Letzte Arbeiten im Bereich der Wandverkleidung aus imitiertem Eichenholz

Unteres Rundfoyer. Johannes Richter beim Malen der Eichenholzmaserung

März 1981

Elbseitiges Vestibül. Herstellen des Terrazzofußbodens. Intarsien in den Wandfeldern aus Stucco lustro. Kompliziertes Imitationsverfahren, das erst wieder »entdeckt« werden mußte.

Rechte Seite: Vestibül. Aufsetzen der Doggen für die Balustrade eines Treppenlaufes

Dezember 1983

Januar 1981

Bühnenhaus und Zuschauerraum 1982–1984

Bühnenportal. Links aufgenommen mit Fish Eye-Objektiv. Oberhalb des Portals befinden sich doppelstöckige heb- und senkbare Beleuchterbrücken, die Arbeitsgalerien und die Obermaschinerie.
Das technische Portal besteht aus zwei 16,0 m hohen Portaltürmen und einer heb- und senkbaren Portalbeleuchterbrücke. Die maximale Bühnenöffnung ist 9,5 m hoch und 15,0 m breit.

November 1982

März 1983

Bühnenhaus. Blick von der Bühne über die abgesenkte Portalbeleuchterbrücke in den Zuschauerraum

November 1983

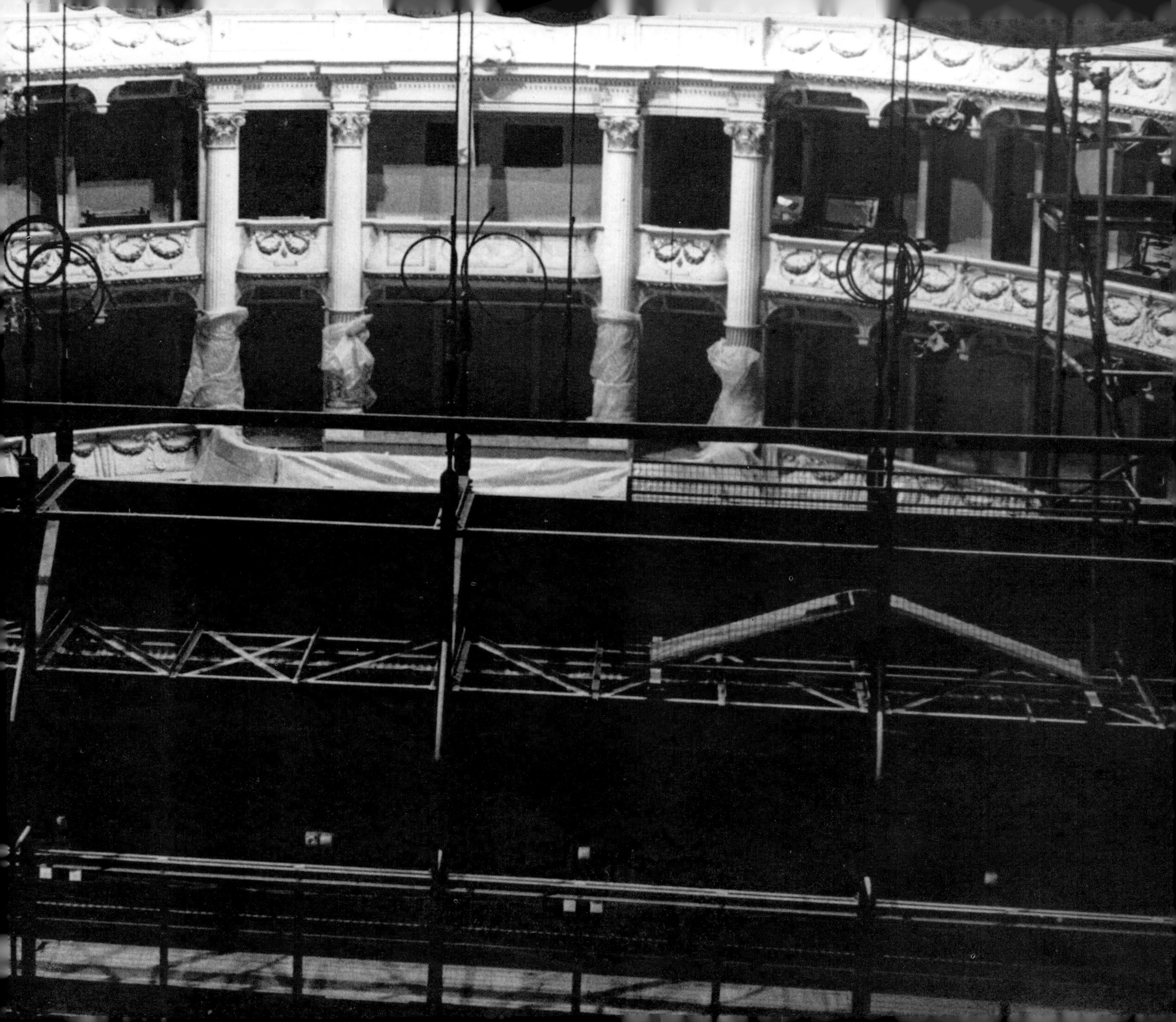

März 1982

Linke Seite: Bühnenhaus. Montage der hydraulischen Hebevorrichtungen für die 16 Hubpodien der Hauptbühne. Die 4,0 m mal 4,0 m großen Podien können einzeln oder in Gruppen hydraulisch von 2,50 m unterhalb auf 2,50 m oberhalb der Bühnenebene gefahren werden.

Bühnenhaus. Hubpodien der Untermaschinerie. Dahinter – teilweise verdeckt durch den Schallvorhang zwischen Haupt- und Hinterbühne – die Stahlkonstruktion der 34 Tonnen schweren Drehbühne mit Unterwagen. Die Drehbühne kann bei Bedarf auf die Hauptbühne aufgefahren werden.

Juli 1983

Hinterbühne. Stahlkonstruktion der Drehscheibe. Die Drehscheibe kann über Elektromotoren eine Fahrgeschwindigkeit von 0,5 m/s und eine Drehgeschwindigkeit von 1,0 m/s erreichen.

Rechte Seite: Bühnenhaus. Hubpodien der Hauptbühne und abgesenkte Portalbeleuchterbrücke

Juli 1983

November 1983

Zuschauerraum. Montage des Kronleuchters. Eine Sonderaufgabe ist die Wiederherstellung der ingesamt 363 Beleuchtungskörper sowie des großen Kronleuchters mit 258 Brennstellen, einem Gewicht von 1,9 Tonnen, einem Durchmesser von 4,20 m und einer Höhe von 5,0 m.

Dezember 1983

Dezember 1983

Dezember 1983

Januar 1984

Linke Seite: Zuschauerraum. Letzte Arbeiten in den elbseitigen Proszeniumslogen

Zuschauerraum. Die im Stabparkett sichtbaren Öffnungen werden in Verbindung mit dem Gestühl und den Öffnungen in den Rangbrüstungen zur Klimatisierung des Raumes genutzt.

Januar 1984

Treppenvestibüle, Oberes Rundfoyer und Zuschauerraum 1985

Oberes Rundfoyer. Fensterseite. Die festliche Architekturgliederung folgt der Formensprache der italienischen Hochrenaissance.

Februar 1985

Oberes Rundfoyer. Deckengestaltung. Im Vordergrund das Plafondgemälde von Theodor Große »Die Wiederkunft des Dionysos« über dem Eingang zur ehemaligen Hofloge

Oberes Rundfoyer. Reichverzierter Leuchter.
Dahinter das Gemälde »Herakles und Hebe«
von Theodor Große

Februar 1985

Oberes elbseitiges Treppenvestibül

Februar 1985

Zuschauerraum. 1284 Sitz- und 39 Stehplätze im Parkett und den vier Rängen. Die Farbkomposition Sempers geht von einem lichten Meergrün in Verbindung mit Weiß und dezent benutztem Gold aus. Das Gestühl im Parkett ist mit rotem, das der Ränge mit grünem Plüsch bezogen.

März 1985

Mitarbeiter des Staatsopernensembles richten Puccinis Oper »La Bohème« ein.

Folgende Seiten: Zuschauerraum. Eine zweigeschossige Säulenarchitektur an den Bühnenportalseiten rahmt die Plastiken: Tyche (links unten) und Nemesis (rechts unten), darüber Eros und Psyche. Den Abschluß bilden Reliefs des Pegasos und der Sphinx.

März 1985

März 1985

März 1985

März 1985

Die Semperoper ist eröffnet. Besucher auf einem Treppenaufgang zum oberen Rundfoyer (linke Seite) und im oberen zwingerseitigen Treppenvestibül (rechte Seite). 274 Kombinate und Betriebe, 55 freischaffende Maler und Restauratoren sowie 24 Bildhauer haben in siebenjähriger Bauzeit die Semperoper wieder errichtet.

März 1985

Szene aus dem Schlußbild. Mit dem »Freischütz« von Carl Maria von Weber in einer Inszenierung von Joachim Herz wurde am 13. Februar 1985 die wieder aufgebaute Semperoper ihrer Bestimmung übergeben.

Februar 1985

Heinz Czechowski **Mit Dresden leben**
Anmerkungen zu Christian Borchert

I   Der Wintertag verhüllt gnädig das zersiedelte Land zwischen Leipzig und Wurzen. Immer weiter frißt sich die Stadt ins Land hinein. Kurz vor Dresden erfährt das Auge Trost beim Anblick der Lößnitzhänge mit ihren alten Gartenhäusern und Herrensitzen, auch wenn die Wohnsilos von Neucoswig, die den Ausblick auf den »Bischofsberg« verstellen, den Anflug von Nostalgie wieder ersticken.

»Es gibt Dinge«, sagt Adalbert Stifter, dessen kleine Prosa mir erst jetzt bekannt wurde, »die man fünfzig Jahre weiß, und im einundfünfzigsten erstaunt man über die Schwere und Furchtbarkeit ihres Inhaltes.«

Ich lege das Büchlein neben mich auf den Sitz des Abteils. Stifter spricht von der Sonnenfinsternis des Jahres 1842 und ergänzt: »Als sie nun wirklich eintraf, da ich auf einer Warte hoch über der ganzen Stadt stand und die Erscheinung mit eigenen Augen anblickte, da geschahen freilich ganz andere Dinge, an die ich weder wachend noch träumend gedacht hatte und an die keiner denkt, der das Wunder nicht gesehen.«

Wir, der Wunder der Natur entwöhnt, denken bei der Lektüre von Stifters Bericht möglicherweise an ganz andere Ereignisse als an jene, die die Natur für uns bereithält. Ich fahre nach Dresden. Grau ist die Farbe des Tages. Selbst die Luft, die ich einatme, als ich den Neustädter Bahnhof verlasse, scheint wie Blei in die Lungen zu dringen. Aschfarben die vom Schnee befreite Straße zum Platz der Einheit, wo hinter kahlen Platanen die Ruine der Eschebach-Villa mit der rostigen Stahlkonstruktion ihres Wintergartens droht.

Es ist fahles Grau, von dem Stifter spricht, ein Grau, das alles Leben zu ersticken schien und von dem im Moment der totalen Sonnenfinsternis »die Ohnmacht eines riesenhaften Körpers, unserer Erde« ausging. Der Winter ebenet die Landschaften Mittel- und Nordeuropas ein. Oder sind es nur unsere Sinne, die, müde der langen sonnenlosen Zeit und selbst ermüdet, der Eintönigkeit unterliegen?

Der »Rothenburger Hof«, das kleine Hotel, in dem wir Zimmer bestellt haben, entschädigt im Inneren durch Freundlichkeit. Man ist gut empfohlen, hier zu sein. Heimatliches Idiom schlägt einem an der Rezeption entgegen. Man sitzt im Restaurant bei Bier und Korn, und die Speisekarte kann sich mit den Gerichten der sächsischen Küche sehen lassen. Auch das Zimmer überrascht durch Solidheit. Ein Hotel, von dem Joseph Roth sagen könnte: »Ich will hier heimisch sein, aber nicht zu Hause.« Am nächsten Morgen wird mein Blick auf verschneite Hinterhöfe fallen, auf Hinterhöfe, die der Krieg verschont hat, die aber auf andere Weise der Zeit ihren Tribut entrichten.

Dann sitze ich nachdenklich auf dem Hotelbett, um mich die Geräusche der Straße und des Restaurants, die heraufdringen. Die vergangenen Jahre haben das Bild der Stadt, in der ich einmal heimisch gewesen bin, in eine Ferne gerückt. Wird die Tatsache, daß man in dieser Stadt einmal zu Hause war, helfen, sie wiederzuerkennen?

Während ich im Restaurant auf Christian Borchert warte, der bald mit seinen Kameras und dem Stativ durch die Tür treten wird, versuche ich, meine Erinnerung an die Stadt durch Filter zu pressen, um wieder sehen zu können, was einmal gewesen ist. Ich erinnere mich an Straßen, deren Namen einmal Klang hatten, sehe Fassaden und Straßenzüge, wie ich sie vor der Zerstörung als Zehnjähriger sah. Aber da ist auch die Gegenwart der unzerstörten Vororte, deren verblichene Bürgerlichkeit immer mehr verblaßt. Da sind solche Straßen wie die, in der sich das kleine Hotel befindet und die ahnen lassen, wie Dresdens Innenstadt einmal beschaffen gewesen sein könnte.

Zurückgekehrt in diese Stadt, bin ich jedenfalls nicht imstande, ein bündiges Urteil über sie zu fällen, und sei es ein in jedem Fall ungültiges und oberflächliches wie das von Simone de Beauvoir in ihren Erinnerungen: »Dresden erschien mir noch häßlicher als Berlin. Ich kann mich an gar nichts mehr erinnern, außer an eine große Treppe und einen Ausblick auf die Sächsische Schweiz: ein leidlich malerisches Bild.«

Ein leidlich malerisches Bild also. Doch was sind Bilder?

Ich muß, wie gesagt, zugeben, daß ich mir zu dieser Stadt eine größere innere Distanz wünschte, einer Stadt, in der ich wieder einmal angekommen bin und die meine Geburtsstadt ist. Unbefangenheit gegenüber ihrer Vergangenheit und Gegenwart besitze ich nicht. Auch ist es mir nicht gegeben, etwas lange gewußt zu haben und nun plötzlich über die »Schwere und Furchtbarkeit« des Geschehenen erstaunt zu sein. Was mich im Umgang mit dieser Stadt behindert, ist meine noch immer anhaltende Verbundenheit mit ihr, die in jener Stunde begann, als ich als Kind vom Dach eines Vorstadthauses sah, wie sie im Feuersturm verging.

Seit dieser Nacht gibt es die Stadt oder das, was sie einmal war, nur noch in meinen Erinnerungen. Und das, was diese Erinnerungen nicht mehr herzugeben vermögen, ergänzen Bilder, Fotografien, Abbildungen. Diese haben freilich die Eigenschaft, mitunter so tief ins Bewußtsein zu dringen, daß sich nicht mehr ausmachen läßt, was man einst selbst gesehen hat oder was nun als Abbilder von Bildern in uns weiterwirkt.

Halten wir uns an die Straßenzüge und Gebäude, die die Zerstörung überstanden haben oder wieder in ihren alten Formen neu erstanden sind. Sie stehen inmitten der Betonwelt unserer Zeit, abseits der planierten Flächen mit ihrer Geschichtslosigkeit.

Bedeutungsloser sind dagegen vielleicht jene Bilder, die wie der Blick durch ein verblichenes Diapositiv erscheinen: die Erinnerung an einen trägen Sommertag vielleicht, wo eine matte Erschöpfung über den Vorstadtstraßen liegt. Koniferengeruch steigt aus der Friedhofsgärtnerei. Hinter Bretterzäunen verbergen sich die Werkstätten von Steinmetzen. Schmetterlinge torkeln über den heißen Asphalt.

Ein solches Bild trage ich wie ein Foto in mir. Daß uns Erinnerungen, besonders entlegene, mitunter vor dem, was man unser inneres Auge zu nennen pflegt, in der Gestalt von Fotografien erscheinen, gehört zu unserer jüngeren Kulturgeschichte, mit der wir aufgewachsen sind und mit der wir leben. Mit dem Besitz solcher Bilder verliert sich bisweilen die Angst, auf etwas, das vergangen ist, endgültig verzichten zu müssen. Wie ein Satz, der einmal erklang, wieder aus uns spricht, sich zu neuen Sätzen und Gebilden formt, die ihn, den schon vergessen geglaubten, wieder entstehen lassen, so kann auch das Bild in uns weiterwirken.

Und wie richtet sich die Vergangenheit in einem Menschen ein, dessen Metier es ist, die Welt durch das Objektiv seiner Kamera zu sehen?

II Stifters Schilderung der Sonnenfinsternis erscheint heute wie ein Dokument, das durch die Beschreibung der Bedrohlichkeit und der Nähe einer Katastrophe uns noch immer verständlich ist, weil es eine Erfahrung vorwegnimmt, die nahe ist und bedrückt.

Manchmal im Traum mögen uns die Städte, in denen wir gelebt haben, erscheinen wie Geisterstädte, die sich zusammensetzen aus intakten Gebäuden und Vierteln, aus Ruinen und planierten Flächen, aus Neubauvierteln, noch unbewohnt oder schon wieder von ihren Bewohnern verlassen.

Das kleine Hotel, aus dem wir getreten sind, wirkt in seiner verräucherten Kleinbürgerlichkeit wie ein Gegenstück zu den sich international gebenden Wohntürmen der Prager Straße. Dresden, wir wissen es, hat wieder zahlreiche Anziehungspunkte für Touristen aus aller Welt.

Borchert und ich, wir werden uns an diesem Wintertag der Stadt von ihrer Peripherie her nähern.

Hinter den steil aufragenden Mietshäusern der Leipziger Straße, einem der Hinterhöfe der Stadt, verbirgt sich in aller Bescheidenheit noch immer das Dörfchen Alt-Trachau. Wir sind mit dem Taxi hierher gefahren, nicht unbelacht von den Chauffeuren am Neustädter Bahnhof, denn wer fährt schon an einem Wintermorgen dort hin. Die Zahl der Höfe einst wohlhabender Bauern, die um die Jahrhundertwende ihr Ackerland an Bodenspekulanten veräußerten, hat sich gelichtet. Baulücken verweisen auf Abriß; einige Gebäude tragen das blauweiße Emailleschild »Geschütztes Bauwerk« – möge es ihnen nützen . . .

Das Dörfchen mit seinen spitzgiebeligen Fachwerkhäusern gehörte zur poetischen Welt meiner Kindheit. Aber das Häuschen, in dem wir die Hexe Kaukau vermuteten, ist unter die Spitzhacke gefallen. Auch die alte Mühle, die uns in den Nachkriegsjahren erhamstertes Korn zu Mehl oder Schrot verarbeitete, hat sich bis zur Unkenntlichkeit verändert.

Christian Borchert, der seine Kleinbildkameras in einem Lederbeutel verwahrt bei sich trägt – so wird jeder Griff zu einer Kamera überlegenswert –, fotografiert den Hof des Bauern Trobisch, der 1927 ein Grundstück für den Bau der nahen Apostelkirche zur Verfügung stellte.

All das gehört zur Vergangenheit, wie auch die Kneipe am Eingang des Gaußgäßchens, deren Fenster vernagelt sind und deren Mauern in einem unwirklich anmutenden Blau leuchten. Das Motiv hat Theodor Rosenhauer gemalt, an einem Wintertag, ähnlich dem heutigen, im Vordergrund eine alte Frau in Hausschuhen, die ein Stollenbrett trägt, eine vorweihnachtliche Szene.

Borchert fotografiert über die Bretterzäune hinweg die sich hinter den Gehöften bis zur Bahnlinie ausbreitenden Felder. Sie tragen noch heute Porree und Sellerie, Nebenerwerb der Nachkommen der Alt-Trachauer Bauern.

Er, der seit Jahren in Berlin lebt und mit dieser Stadt, die mir unvertraut geblieben ist, gut zurechtkommt, wie er sagt, ist unweit von hier auf der Rückertstraße am Hubertusplatz zu Hause gewesen. Dort hat sich ein Rummelplatz erhalten, der Jahr um Jahr im Frühling und im Herbst seine Pforte öffnet und von dem Borchert gern erzählt. Daß wir jetzt durch das Gaußgäßchen gehen, schulden wir unserer gemeinsamen Vorliebe für die Randgebiete dieser Stadt. Christian Borcherts Serien – Fotos von Reisen durch Ungarn und Rumänien, seine Szenen aus dem Alltag der DDR, seine Künstler- und Familienporträts – sind nicht unbeeinflußt von dem Interesse eines Sammlers und Chronisten, der in der Gegenwart nach den Spuren unserer Herkunft sucht.

Christian Borcherts Kunst, fotografische Abbilder der Welt anzufertigen, entspricht in ihren Ergebnissen seinem Wesen, dem Wesen eines Mannes, der es versteht, seine Melancholie in den Dienst seiner Arbeit zu stellen. Seine Fotos verraten etwas von der Ambivalenz, mit der er zwischen Qual und Daseinsbejahung seinen Weg bahnt. Manchmal lassen sie etwas von der Einsamkeit ahnen, die der Preis für das Ziel ist, dem

Borchert nachgeht. In seiner Sicht auf die Welt verbindet sich die Genauigkeit des Beobachters mit seinem Verständnis der Geschichte, das auch den Wunden der Gegenwart nicht ausweicht. Das Wissen, daß er nichts von sich hinterlassen wird als diese Abbilder des Lebens, die man – fast wegwerfend – Fotografien nennt, wirkt in ihm wie ein Motor, der sich nach Phasen des Nachdenkens immer wieder einschaltet.

Unser Weg hat etwas von einem Erkundungsgang in die Vergangenheit. Wir stehen plötzlich vor einer Brettertür. Ein altes Ehepaar – man könnte es sich auf einem der Bilder des Malers Bernhard Kretzschmar vorstellen – kommt uns entgegen. Freundliche Begrüßung. Man kennt sich. Wir werden eingelassen und folgen dem Paar auf einem verschneiten Pfad, der am Fuß des Bahndamms entlangführt.

Christian Borcherts Vater, von Beruf Sattler, hatte hier seine Werkstatt, einen bescheidenen Schuppen. In ihm lag das inzwischen in unseren Gesprächen legendär gewordene Segelboot auf Kiel, mit dessen Bau sich der Vater einen Lebenstraum zu erfüllen suchte. Die Jolle, nach dem Prinzip eines Faltbootes konstruiert, wurde auf ihrer Jungfernfahrt in der Nähe von Mühlberg leck und mußte mit der Eisenbahn nach Dresden zurückgebracht werden. Unter brieflicher Beratung des in Hannover lebenden Bruders, der neben seinen ingeniösen Fähigkeiten auch noch beachtliche Qualitäten als Zeichner und Maler aufzuweisen hatte, arbeitete Borcherts Vater bis an sein Lebensende an der Verwirklichung seiner Idee. Nach dem Tod des alten Mannes mußte der Sohn vor dem Abriß der Werkstatt das Boot abwracken.

Wir stochern in Trümmern und verrottenden Brettern. Jetzt sollen auf dem von schwarzem Gesträuch überwucherten Gelände Garagen errichtet werden. Borchert spricht von einer »fast symbolhaften Handlung«, als er davon erzählt, wie er das Boot zerlegt hat.

»Symbolhaft«? – Ausdruck einer vom Über-Ich besetzten Seele, die in der Zerstörung des Bootes einen Akt der Überwindung des Vaters erblickt? Oder »nur« die Konstatierung eines Vorganges, der ausdrückt, daß der Sohn das Werk des Vaters nicht vollendet, um eigene Wege gehen zu können?

Den 1942 geborenen Christian Borchert lernte ich 1976 in Halle kennen, wo ich ein Dachzimmer im Marktschlößchen bewohnte. Borchert, mittelgroß und untersetzt, trug, wenn ich mich recht erinnere, die gleiche unauffällige Kleidung, die er noch heute bevorzugt. Er arbeitete an einer Serie Schriftstellerporträts. Mich beeindruckte, daß er mich bat, ihm jene Orte in Halle zu zeigen, von denen ich meinte, daß sie mir nahe sind. Mir gefiel, daß es Christian Borchert mir überließ, mich dort fotografieren zu lassen, wo ich mich mit der Stadt identifizieren konnte. Eine solche Arbeitsweise verrät etwas von dem Stil, der seine Arbeiten beherrscht.

Nach Alfred Döblin gibt es »drei Gruppen von Photographen«. August Sander gehört für ihn zu den Realisten, die nicht nur das Persönliche, Private, Einmalige auf der Platte festhalten. Und Elke Erb charakterisiert Sander als einen Fotografen, der »Menschen aller Schichten so fotografieren konnte, daß das Gewicht ihrer sozialen Existenz ihre Individualität durchdrang«. Christian Borchert, der Anfang der siebziger Jahre für die »Neue Berliner Illustrierte« fotografierte, wurde durch das etwa fünf Jahrzehnte vorher entstandene Werk dieses Fotografen »Menschen ohne Maske« angeregt, »etwas Eigenes zu wollen«. Von den lachenden Titelblatt-Gesichtern des gängigen Foto-Journalismus trennte ihn mehr und mehr sein durch Sanders Bilder angeregter Blick. Fotografierte er 1972/73 auf den Ungarn-Reisen noch nach einer Methode, bei der ihm bestimmte Kompositionen Sanders buchstäblich »vor Augen standen«, so begriff er durch die allmähliche Überwindung des Vorbildes sein eigenes Wesen. Es entstanden Porträts, die – ohne epigonal zu sein – Sanders Methode einer »vergleichenden Photographie« in die Gegenwart übertrugen. Zu Arbeiten dieser Art, denen vielleicht noch etwas »Gerahmtes« und Regiemäßiges anhaftet, gehören die Künstler- und Schriftstellerporträts, die Kritiker und Fachkollegen auf Borchert aufmerksam machten.

Christian Borchert fotografierte mich in Höfen und auf Plätzen der Stadt, die ich ihm zeigte und erklärte. Von den etwa einhundert Aufnahmen, die so entstanden, wählte er schließlich eine aus, die im Hintergrund die efeubewachsene Mauer der sogenannten Alten Residenz zeigt. Heute läßt er sich nicht mehr gern an diese redundante Arbeitsweise erinnern.

Eine Geschichte des Dresdner Viertels Wilder Mann, das wir inzwischen über eine alte Weinbergtreppe, die von der Schützenhof- zur Neuländer Straße führt, hinter uns gelassen haben, ist meines Wissens noch nicht geschrieben worden. Im Norden der Stadt, am Fuß ehemaliger Weinberge auf den Fluren der Orte Trachau und Trachenberge gelegen, ist dieses ehemalige Beamten- und Kleinbürgerviertel noch heute von einer gewissen Behaglichkeit geprägt. Im übrigen sind die Spuren, die die Geschichte hier hinterlassen hat, nur als beiläufig zu bezeichnen. In einem ehemaligen Weinberghaus soll einmal Napoleon übernachtet haben. Derartige Überlieferungen, zu denen auch die Sage vom »Wilden Mann« zählt, der einsiedlerisch-widerspenstig hier gelebt haben soll – ein Aussteiger aus seiner Zeit –, sich aber schließlich doch seinem gnädigen König gebeugt hat, wofür er mit einem Grundstück belohnt wurde, gehörten zu meiner Kindheit. In der ehemaligen Großgaststätte »Zum wilden Mann« ist heute das Studio Dresden des Fernsehens der DDR untergebracht. Die Sage des Einsiedlers, nach dem ein Weingut seinen Namen erhielt, ist in den Versen eines Schattenspiels des Lehrers Kurt Rübner überliefert, das am 24. November 1936 in der damaligen 28. Volksschule auf der heutigen Maxim-Gorki-Straße, die auch Christian Borchert besucht hat, aufgeführt wurde.

Namhaftester Anwohner des Wilden Mannes war für eine kurze Zeit der Dichter Carl Sternheim. Er erwarb zusammen mit seiner Frau Thea 1921 das unweit von hier am Rande der Dürren Heide gelegene Schloß Waldhof. Conrad Felixmüller überlieferte folgende Replik des Dichters: »Kennen Sie den ›Waldhof‹? – Was am ›Wilden Mann‹ liegt der? Das ist ja 'ne tolle Sache. Adresse: Carl Sternheim, Wilder Mann bei Dresden . . .«

Das Schlößchen Waldhof erreichen wir über die Waldhofstraße, die quer durch die Dürre Heide an den Ausflugsgaststätten »Waldmax« und »Glasewalds Ruh« auf die Hochebene der Dörfer Boxdorf und Wilschdorf führt. Wir folgen dem »Verlorenen Wässerchen«, das irgendwo im Sandboden des Heidefriedhofs versickert.

Durch das zerklüftete Tälchen, in dem früher einmal das Wasser eines kleinen Schwimmbades angestaut wurde, gelangen wir schließlich zu der Bruchsteinmauer, die den Waldhof umgibt. Die Zementplastiken neben der Lindenallee, die zum Herrenhaus führt, Kinderszenen des Bildhauers Peter Henseler, gehören zur Hinterlassenschaft von Sternheims Vorgänger. Heute dient das Schlößchen oder besser: das, was von ihm übriggeblieben ist, den Rehabilitationseinrichtungen der Stadt als Magazin. Die barocke Turmhaube ist Winden und Wettern gewichen. Nur der Innenhof verrät noch etwas von der Vergangenheit des Gebäudes, ebenso der verwilderte Park und die Terrasse, von der man über die Wipfel der Dürren Heide hinweg die sich im Elbtal ausbreitende Stadt ahnen kann.

Christian Borchert sah das zerstörte Dresden zum ersten Mal bewußt um das Jahr 1947. Er erinnert sich, zusammen mit seiner Großmutter mit der Straßenbahnlinie 4 über die Dimitroffbrücke gefahren zu sein, vorbei am Fürstenzug und über die Bürgerwiese.

Wir müßten einen alten Stadtplan zu Hilfe nehmen, um diese Strecke, die es so heute nicht mehr gibt, wiederzufinden. In Borcherts Erinnerungen existiert das Bild eines heißen Sommertages, wie wohl die Nachkriegssommer auch in meinem Erleben als merkwürdig heiß erscheinen, und auch ich erinnere mich der erwähnten Strecke der Linie 4, mit der wir als Kinder ins Mockritzer Bad fuhren. Wäre es angesichts der Erinnerung an die staubüberzogenen Trümmer nicht Blasphemie, so könnte man sagen: Die Stadt schlief. Über in sich zusammengestürzte Ruinen zogen sich Trampelpfade; Straßenbahnen, deren Fensterscheiben durch Holz oder Pappe ersetzt worden waren, bewegten sich rasselnd zwischen dem, was von Dresden übriggeblieben war. Sandsteinquader, aufgeschichtet zu Mauern, schützten die schmalen Straßen vor herabstürzenden Trümmern. Die Stadt glich einer phantastischen Landschaft, die Alfred Kubin erfunden haben könnte, doch die Wirklichkeit war furchtbarer als jede Hervorbringung der Phantasie.

Doch auch dieses abseits der Stadt gelegene Schlößchen, vor dem wir uns jetzt befinden, ist Dresden. Sternheim fuhr von hier mit dem Dogcart oder dem Automobil in die Stadt. Sachsen nannte er »eine politische Hoffnung«, Dresden war für ihn eine Stadt, in der er sich wohlfühlte. Der Dichter genoß die Eleganz der alten Residenz, obwohl ihm die Verelendung der Massen nicht entging. Ich habe lange in der Deutschen Bücherei nach Zeugnissen Sternheims über den Waldhof suchen müssen – leider vergeblich. Ob der Dichter wohl die im Glanz des Historismus prangenden Wandelgänge der Semperschen Hofoper jemals betreten hat? Der bissige Chronist des bürgerlichen Heldenlebens, in den Polstern einer Loge den Klangorgien Wagners oder Straussens lauschend? –

Verlassen wir uns auf jene 1914 in »Tabula rasa« geschriebenen Sätze, mit denen er dem Kulturpomp eine wirsche Absage erteilt hat: »Meinen Weg gehe ich weiter; warne und beschwöre die mir anvertrauten Massen unablässig durch Wort und Schrift vor den Ködern, die ihnen die kapitalistische Bourgeoisie überall legt. Suche sie zu behüten vor dem Verlust ihrer elementaren Stoßkraft durch Annahme einer Halbbildung, die sie weiter begehrlich und unentschieden macht. Halte sie im Mißtrauen gegen Volksschulen in Sandstein und Mahagonihölzern, in denen man allen Lehrstoff großbürgerlich fälscht, gegen Kasernen mit Sprungfedermatratzen und Wasserspülung, gegen den Aufenthalt in Marmorpalästen mit Wagnermusik durch ein verstärktes Symphonieorchester bei einer Tasse Kaffee in Meißner Porzellan für dreißig Pfennig.«

Nachdem wir mit dem Bus und einem Taxi von Boxdorf zum Neustädter Bahnhof gefahren sind, wärmen wir uns im Wartesaal auf, der sich mit seiner Gründerzeitlichkeit, dem grünlichen Anstrich und der rostroten Decke etwas bewahrt hat, das an die Königlich-Sächsische Eisenbahn erinnert, deren Loks und Wagen in einer der beiden sächsischen Landesfarben, eben in Grün, gestrichen waren.

Obwohl die Stadt zu dieser Stunde und Jahreszeit nicht eben besichtigungswürdig ist, haben wir uns der Plattleite genähert, um einen Blick auf das nächtliche Dresden zu werfen. Hier oben am Weißen Hirsch hat die Zeit andere Spuren hinterlassen als »unten«, wo die Lichter der Hochhäuser das Elbtal illuminieren. Die »Volkssternwarte Manfred von Ardenne« auf der Collenbuschstraße, deren Öffnungszeiten ein Schild vermerkt, gehört wie die das Viertel beherrschenden Institute des Erfinders zu jenen Eigentümlichkeiten, die den Charakter dieses ehemaligen Quartiers der Sanatorien und Pensionen neu geprägt haben. Die Türen der Standseilbahnstation sind bereits geschlossen. Der Balkon Dresdens, der »Luisenhof«, lädt uns zu dieser Stunde nicht mehr ein. Irgendwo hier in der Nähe weilte im Februar 1945 der greise Gerhart Hauptmann, der den Untergang Dresdens als Augenzeuge erschüttert kommentierte.

Während wir noch einmal auf die erleuchteten Hochhäuser und die Türme der Stadt blicken, sprechen wir von jener Nacht und erinnern uns an die Zielmarkierungen, im Volksmund »Christbäume« genannt, die die Stadt taghell erleuchteten und »keine Einzelheit verborgen ließen«, wie ein englischer Commander in David Irvings Buch »The Destruction of Dresden« berichtet.

III 1954 bekommt der zwölfjährige Christian Borchert eine »Perfekta«, Format 6×6, geschenkt. Nehmen wir an, ein Talent wird unter anderem durch die Fähigkeit, seine Bilder der Welt in eine innere Ordnung zu bringen, erkennbar, so beweisen diese frühen Versuche nicht nur Borcherts Sinn für Komposition, sondern auch für Systematisierung. In einem herkömmlichen Fotoalbum gesammelt, zeigen sie Gebäude und Plätze der zerstörten Innenstadt. Sichtbar wird eine Ordnung nach thematischen Komplexen, Kirchen zum Beispiel oder Brücken. Die Aufnahmen, die noch die technischen Unzulänglichkeiten von Amateurfotos aufweisen, sieht Borchert noch heute als den Beginn seiner Arbeit an, einer Arbeit, die sich nicht damit begnügt, das Wirkliche zufällig abzubilden, sondern die es auch registrieren und ordnen will, um seine Widersprüche erkennbar werden zu lassen.

Heute sieht er seine frühen Versuche einer fotografierten Topografie seiner Heimatstadt zwar als fragmentarisch, aber im ganzen doch als ein Bemühen, die Stadt – obgleich mit großen zeitlichen Zwischenräumen – bis in die Gegenwart als *eine* Landschaft zu begreifen.

Monate sind seit jenem Wintertag vergangen, es regnet, ich sehe wieder das Auf und Ab jener Stadtrandlandschaft vor mir, den Weg, den wir gewählt hatten, einen von vielen möglichen. In der Erinnerung erscheint der Tag wie ein Film, eine Ganzheit, und doch auflösbar in einzelne Bilder. »Fotos«, bekräftigt Susan Sontag eine solche Erscheinung, »sind einprägsamer als bewegliche Bilder – weil sie nur einen säuberlichen Abschnitt und nicht das Dahinfliegende der Zeit zeigen.«

Was der Kamera verborgen bleiben muß, ist der kontinuierliche Fortgang der Zeit. Aber es gibt auch Erlebnisse, von denen Christian Borchert sagt, sie seien dem Objektiv unerreichbar. Die Stimmung jenes Morgens zum Beispiel, als wir von unserem Hotel über die Georgi-Dimitroff-Brücke zur Baustelle der Semperoper gehen, gehört zu den Momenten, die uns den Widerspruch zwischen Leben und Abbild fühlen lassen.

Das Grauviolett der Sandsteinmauern, das vom matten Licht der aufgehenden Wintersonne überzogen wird, die Silhouette der Hofkirche und des Georgentores – hätte da der Mann, der uns mit hochgeschlagenem Mantelkragen und tief in die Stirn gezogenem breitkrempigem Hut begegnet, nicht der Hofbaumeister Gottfried Semper auf seiner zweiten

Flucht aus Dresden sein können, ein Mann, der nicht freudig erregt, sondern von Entsetzen gepackt die Wiederauferstehung seiner zweimal abgebrannten Hofoper gesehen hat? –

Wenn sich das Banale am Erhabenen stößt, entsteht Komik.

»Persönliche Eindrücke« gewonnen zu haben scheint mir eine zu euphemistische Bezeichnung für das, was ich schlichter als Ergebnis einer Visite bezeichnen sollte. Vorbereitet durch Borcherts Aufnahmen von der Ruine, betreten wir, nachdem wir das aufgeweichte Gelände der Baustelle überquert haben, durch einen Seiteneingang des sogenannten Funktionsgebäudes das Opernhaus. Die mir von den Fotos her bekannten zyklopenhaften Mauern sind nicht mehr zu sehen, auch die Gerüste, die viele von Borcherts Fotos beherrschen, sind längst gefallen. Herausgeschält hat sich die vom Zweck bestimmte Form der Ränge, des Bühnenportals, des Plafonds. Die Arbeit aller am Bau beteiligten Gewerke hat den Glanz des Zuschauerraumes bereits ahnbar werden lassen. Das Bühnenhaus, in dem wir schwindelerregende Stahltreppen emporklettern, offenbart sich als sinnebetörende Anhäufung von Technik. Von irgendwoher fällt die Bemerkung, dies sei ein gigantisches Spielzeug für Regisseure, erfüllbarer Wunsch vielleicht, diese an ein Trockendock erinnernde Stahlkonstruktion möge auch der zeitgenössischen Oper dienstbar gemacht werden...

Borcherts Fotos sind nicht nur Dokumente eines siebenjährigen Baugeschehens, sondern auch die Verbildlichung des Bewußtseins ihres Schöpfers. Von der Vielzahl der Aufnahmen sind die zweihundert, die er für dieses Buch ausgewählt und für gültig erklärt hat, sein Extrakt im Umgang mit dieser Baustelle.

Wie Zitate aus einem fortschreitenden Monolog kann gerade der Fotograf immer wieder die Bilder seines gelebten Lebens aus seinem Archiv abrufen, zitieren. In der Archivierung von Vergangenheit mag möglicherweise der Grund zu finden sein, der uns erkennen läßt, daß das Amt, Bilder zu machen, auch eine Last ist, an der sich schwer trägt. Wir erinnern uns an Georg Maurers Verse aus dessen Zyklus »Bewußtsein«:

Wäre es nicht schrecklich: Wir öffneten die Augen,
ein Bild fiele hinein – und *bliebe*!
Wir liefen durch die Welt: Es wechselten Weiler, Brücken,
Flüsse und Berge – aber dies Bild *bliebe*,
verdeckte uns den Wechsel der Jahreszeiten,
das Kommen und Gehn.
Wahnsinnige, Verbrecher, Tyrannen sehen so:
ein Bild – starr!
Schießlich verdeckt es ihnen den Abgrund: Sie stürzen.

Der Augenblick wird jedoch von dem Eindruck beherrscht, daß das, was wir von der Bühne aus im Zuschauerraum erblicken, eine unserer Zeit ferne, rücksichtslose Illusion ist. Was in anderen Opernhäusern, die Zeit und Krieg überstanden haben, von der Patina der Jahrzehnte gleichsam überkrustet ist – hier präsentiert es sich in völliger Frische und in strahlender Neuheit. »Edle Materialien von besten Handwerkern bearbeitet«, so Semper, spenden auch dem dritten Bau der Dresdner Hofoper seinen Glanz. Die Supraporten- und Deckenmalereien – römisch-antik und spätromantisch nachempfunden – mögen heute nicht mehr jedermanns Geschmack entsprechen. Doch handwerkliche Geheimnisse, die verlorengegangen waren, haben ihre Wiederentdecker gefunden und sind damit erneut zu Geheimnissen geworden und werden ängstlich gehütet. Niemand wird einem die Zusammensetzung des Materials und dessen Verarbeitung für die Stucco-lustro-Säulen in den Kolonnadengängen der Foyers verraten. Ein immenser Aufwand an Fleiß, Wissen und Können summiert sich vor unseren Augen in einem Bauwerk, dessen funktionale Sachlichkeit sich hinter einer Dekoration verbirgt, die dem Selbstverständnis des neunzehnten Jahrhunderts natürlich erschien, auf mich allerdings gerade durch ihre Noch-Unberührtheit museal wirkt. Auch die im ersten Rang wiederinstallierte Hofloge und der Harlekinvorhang mit der Krone des einstigen sächsischen Herrscherhauses erinnern an jene Zeitferne, der wir Auge in Auge gegenüberstehen: Ein vergangenes Jahrhundert sieht *uns* an und prüft unsere Gefühle.

Die Geräusche der Arbeit – eine Parkettschleifmaschine macht im Augenblick jede Verständigung unmöglich –, der Blick auf das Geäst des riesigen Kronleuchters, der zur Montage vorbereitet wird, geben die Möglichkeit, uns an Borcherts Fotos zu erinnern. Der Zuschauerraum, von einem der vier Ränge gesehen, läßt die Elemente des Stucks und der Dekoration wieder als das erscheinen, was sie sind: als integralen Bestandteil eines Gesamtkunstwerkes, dessen Wiederentstehung dieses Buch illustriert.

Christian Borchert, dessen Interesse an seiner Heimatstadt sich freilich nicht nur in diesen Fotos äußert – er begann schon vor Jahren an ein Projekt zu denken, das unter dem Titel »Wohnen in Dresden« in unseren Gesprächen eine Rolle spielt –, hat seine Auffassung von Fotografie nicht unabhängig von den Eindrücken entwickelt, die ihm diese Stadt selbst vermittelt hat. Der selbstgewählte Auftrag, die Baustelle in ihren einzelnen Phasen zu fotografieren, kam dieser Ästhetik entgegen, ja sie verhalf ihm zu einer Selbstidentifikation, die es gestattete, seine bisherigen Dresdner Erfahrungen zu summieren und zu vervielfachen.

Der Fotograf betrachtet diese Arbeit als den »Vollzug einer Therapie«, durch die es ihm gelang, seine persönlichen Erinnerungen an die zerstörte Stadt in sein historisches Bewußtsein zu überführen. Aus einem

Trauma wurde ein Programm der Intensivierung, das sich in der Umschichtung seiner Erfahrungen innerhalb eines entstehenden Bauwerks vollzog und dessen Ergebnis diese Fotografien sind. Der Anblick der Ruine versetzte ihn um dreißig Jahre zurück, in seine Kindheit. Auf der Suche nach der eigenen Vergangenheit geriet er auf *die* Spuren, die ihn dorthin führten, wo es ihm möglich wurde, einem historischen Moment zu folgen und ihn zu dokumentieren.

Betrachtet man Borcherts Fotos, so scheint es, daß es keine Stelle des Bauwerks gibt, die er nicht gesehen hat. Aus dem nicht konfliktlosen Widerspiel zwischen dem »inneren Auftrag« und der Notwendigkeit, neben der Arbeit an den Opernfotos jene Aufgaben zu erfüllen, die zum Beruf gehören, ergab sich eine Arbeitsweise, die seine Beweglichkeit herausforderte. Indem er dem Fortschreiten des Baus auf der Spur blieb und die sich allmählich entfaltenden Formen auf sich wirken ließ, fotografierte er, immer wieder von seinem Wohnort nach Dresden zurückkehrend, neben den großen Perspektiven des zerstörten Innenraums Detail um Detail und nicht zuletzt die Arbeiter der verschiedenen Gewerke.

Heute spricht Borchert von etwa zehntausend Aufnahmen, die in diesen sieben Jahren entstanden. Man bemerkt, daß es keine äußeren Effekte und keine kalkulierten optischen Reize sind, die den Betrachter dieser Bilder ablenken. Immer wieder von Berlin nach Dresden reisend, um den Verlauf der Arbeiten möglichst kontinuierlich verfolgen zu können, folgt er dem Widerspruch von Zeitferne und Zeitgenossenschaft nicht, um die »Fotografie als Kunst« unter Beweis zu stellen, sondern in erster Linie als Chronist. Die Erfahrungen des ehemaligen Bildreporters kommen dem inneren Auftrag des Dresdners zugute.

Das ursprüngliche Erlebnis der Ruine als *Landschaft*, um an den Begriff zu erinnern, den Wilhelm Rudolph im Zusammenhang mit der zerstörten Stadt in der Formulierung »Dresden als Landschaft« prägte, das allmähliche Heraustreten der endgültigen »Formen« aus dem Chaos des Anfangs, schließlich die Wiederherstellung des Historismus, dessen Pracht- und Prunkentfaltung sich erst nach Abschluß von Borcherts Arbeit ganz zeigen wird – all das erscheint in seinen Bildern als »work in progress«. Borchert bereitet sich durch das Studium von Fotografien des unzerstörten Semperbaus aus der Deutschen Fotothek auf seine Aufgabe vor. Vorwiegend auf sich allein angewiesen, nur hin und wieder durch Hinweise der Bauleitung unterstützt, wird für ihn jede Einstellung zu einem neuen Versuch, sich dem Baugeschehen zu stellen. Er, der gewagte Aufstiege nicht scheute und sich ein Gerüst bauen ließ, um das Bühnenhaus erhöht und ohne Verzerrungen aufnehmen zu können, organisierte seine Arbeit über Jahre hinweg mit jener Aufmerksamkeit, die das Private in den Hintergrund treten ließ. Die »Handschrift«, der man in seinen Fotografien begegnet, hat nichts gemein mit jener amateurhaften Scheingenialität, die heute so gern von vielen Besuchern der Fotoausstellungen angenommen wird. Eine neue Sachlichkeit bewegt den Betrachter der Fotos von Christian Borchert. Indem er sich dem Erlebnis, ja mitunter den Überraschungen stellte, die ihn bei jedem Besuch der Baustelle erwarteten, spricht er von der anhaltenden Aufregung, ja von dem Wunder, das er mit jeder Veränderung, die sich am Bau vollzog, erlebte. Der »Alleingang« schuf eine psychische Qualität, die sich in den Fotos mitteilt. Sie korrespondiert mit jener Sachlichkeit, die noch immer die Aufnahmen Hermann Krones vermitteln, die heute nicht nur als die Erinnerung an eine ferne Vergangenheit auf uns wirken, sondern auch ihre zeitgenössische Aktualität behalten haben, wie das Foto der ersten, 1869 niedergebrannten Hofoper.

In Borcherts Fotografien wiederholt sich nicht nur der Wiederaufbau der ehemaligen Hofoper in ihren Etappen. Der Betrachter erfährt auch etwas von den Bedingungen, unter denen diese Arbeit geleistet wurde. Als eine zweite Schicht, die hinter dem ersten Eindruck allmählich hervortritt, zeigen Borcherts Fotos etwas von der Genesis einer Bauidee, die – unter anderen technischen Voraussetzungen und Bedingungen als zur Zeit Gottfried Sempers – erneut sichtbar wird. Zu dem Zeitpunkt, wo Borchert mit seinen Aufnahmen beginnt, empfangen ihn Einblicke in den zerstörten Innenraum, die mit ihrer erschütternden Größe an Piranesis »Carceri« erinnern. Als Mahnmal des Feuersturms vom 13./14. Februar 1945 zeigen die zerklüfteten Mauern des Zuschauerraumes und die schwarz gähnenden Zugänge von den Rängen in die Foyers in ihrer Entblößtheit von jedem Dekor noch einmal das Gesicht der Stadt, wie es uns in den Nachkriegsjahren angestarrt hat. Einem Sisyphus gleich, der einem Kolosseum zu Leibe rückt, erhebt in dieser Landschaft ein Arbeiter – winziges, aber unübersehbares Detail – den Hammer. Ein Foto wird zum Dokument eines Beginns, dessen Ergebnis dem Betrachter angesichts der auf dem Bild festgehaltenen totalen Verheerung fast unglaubhaft erscheinen muß. Kontrapunktisch dazu verhält sich jenes Gruppenfoto, das vor der Pantherquadriga die sich im Schneegestöber präsentierenden Arbeiter zeigt. Das Foto verleugnet nicht sein »gestelltes« Arrangement. Doch gerade in einem derartigen arrangierten Moment wird erkennbar, daß die Arbeit des Fotografen auch Auswahl und Wertung bedeutet. Indem Christian Borchert, dem Gang der Ereignisse folgend, auch die den Bau umgebende Landschaft gelegentlich in sein fotografisches Panorama einbezieht, verschweigt er weder die Widerwärtigkeiten des Alltags – Schnee, Regen und Kälte – noch das alltägliche, wirkliche Leben der Erbauer. Momente einer derartigen Chronologie, der sich Borchert gestellt hat, vermitteln dem Betrachter ein Zeitgefühl, in dem Dynamik, aber auch Langmut und Mühe als im einzelnen Augenblick sich konzentrierende Erfahrung sichtbar werden. In Fotos, wie in jenen Gruppenfotos, vergegenständlicht sich das Verhältnis der einzelnen zu sich selbst und zu dem Werk, das sie betreiben, ganz unmittelbar. Das, was wir so oft mit einem Klischee als »Aneignung des Erbes« bezeichnen, gewinnt in diesen Fotos eine unpathetische Fixierung, die nicht mehr und nicht weniger bedeutet als die Verwesentlichung der zum Arbeitsgegenstand gewordenen Natur.

Borchert verweist in Gesprächen auf den Eindruck, den Arbeiten von Paul Strand auf ihn gemacht haben. Er rühmt, daß es in ihnen immer neue Feinheiten und Details zu entdecken gibt. Es sind Fotos, sagt er, an denen man sich nicht sattsehen könne. Das Handwerkliche nicht gering achtend – wo verläuft in der Fotografie überhaupt die Grenze zwischen Handwerk und Kunst? –, verlangt er von einem guten Foto wie von einem guten Bild, daß man es immer wieder ansehen können muß. Daß der vergehende Moment zu einem dauernden wird, dafür sorgt die Individualität des Fotografen. Indem sich Totale und Detail innerhalb des Bildraumes in einem Dialog befinden, entsteht eine unauflösbare Dialektik von Stoff und Form. Die sich zwischen Rundbögen filigranartig ausbreitenden Eisengeflechte, die Kreisbögen des Deckengerüstes, die Metallverstrebungen des Bühnenhauses oder ein konstruktivistisch anmutender Bretterverschlag – innerhalb der Komposition strukturieren derartige Elemente ebenso wie das aus der Dunkelheit des Raumes hervorleuchtende Gewölbe eines Foyers, unter dem Stukkateure ihre Arbeit verrichten, den Stil von Christian Borcherts Fotografien, der von jener Freiheit zeugt, die der Fotograf zwischen geplanter Aufgabe und Unmittelbarkeit gefunden hat.

Man wird solche Fotos gesehen haben müssen, wenn man eines Tages das Foyer oder einen der Ränge betritt, um verstehen zu können, was zeitgenössische Architektur-Fotografie kaum zu vermitteln vermag: jene »Aura« des Baugeschehens nämlich, die die äußeren Mauern des Gebäudes öffnet oder sie »transparent« werden läßt. Durch Borcherts Bilder werden uns »Einblicke« ins Innere des Baus gewährt. Von Bild zu Bild bleibt für den Betrachter Raum, seine eigene Phantasie spielen zu lassen. Da Borcherts Fotografien nicht nur den vollendeten Bau zeigen, nicht nur die »fertigen« Räume und nicht nur die von ihren Gerüsten befreiten Mauern, vielmehr von Detail zu Detail andeuten, welche Gestalt Raum und Dekor anzunehmen beginnen, gilt wohl auch für ihn, was Brassaï gesagt hat: »Für mich soll die Fotografie eine Vorstellung erwecken, nicht starr auf ihr bestehen oder etwas erklären zu wollen, so wie ein Romanautor seinen Lesern auch nur einen Teil seiner Schöpfung anbietet...«

IV »Was sind Bilder?« fragten wir uns, und wir wissen jetzt vielleicht etwas mehr über die Existenz des Fotografen Christian Borchert und seine Arbeit. Die übliche Spaltung in »Mensch« und »Künstler« können wir beiseite lassen. Das Angebot, das uns der Fotograf mit seinen Bildern macht, entspricht seiner Maxime, mit der Kamera zu leben. Das bedeutet auch, bestimmte Normen des Lebens hinter sich zu lassen. Bequemlichkeit, Gemütlichkeit, Seßhaftigkeit gehören nicht zu einem Leben, das sich im Unterwegssein verwirklicht. Borchert eignet jene Besessenheit, die alle Fotografen von Rang ausgezeichnet hat. Sie erinnert an einen ihrer Urväter, den Pariser Atget, der sich freilich »auf das kleine Sujet, auf Menschen, Häuser, Läden, Stuben, auf die Gegenstände des Alltags« beschränkte, aber auch an Sander, der mit der Kamera durch Deutschland wanderte. Immer wieder neue Themen und Lebensbereiche zu entdecken entspricht Borcherts Natur. Unterwegs, oft bei Freunden zu Gast, daher nur selten in seiner kleinen Wohnung in Pankow anzutreffen, in der man sich oft vergeblich nach einer freien Sitzgelegenheit umsieht, weil meistens alle erreichbaren Flächen mit Fotos belegt sind, mobilisiert er sich zu einer Aktivität, in der sich sein Leben dem Metier unterordnet.

Weder »Atelierfotograf« noch einer, der sich nach seinem Verständnis für den Bildjournalismus eignet, zahlt Christian Borchert für seine Kompromißlosigkeit den angemessenen Preis. Aber die Neigung, die Dinge distanziert zu betrachten, schließt keineswegs aus, daß er sich sehr schnell begeistern kann, wenn etwas sein Interesse erregt. Doch er sagt: »Es wäre furchtbar, wenn alles Verbrüderung wäre; Distanzlosigkeit würde Flachheit bedeuten. Distanz heißt nicht Fremdheit, sondern Würde.«

Die äußere Effekte vermeidende Klassizität der Bildgestaltung entspricht der weithin sachlichen Funktion, die Borchert in den Dienst seiner Aufgabe stellt. Der Betrachter wird mit Aufnahmen konfrontiert, die eingehend betrachtet sein wollen, die aber selbst gegenüber den auf ihnen abgebildeten Gegenständen Distanz schaffen. Diese Distanz bedeutet für Christian Borchert Auseinandersetzung mit den zu fotografierenden Gegenständen, aber nicht nur mit ihnen. »Auseinandersetzung« ist für Borchert ein mehrschichtiges Stichwort. Es signalisiert das Prozeßhafte, Gewachsene und Entstehende in den Arbeiten des heute Zweiundvierzigjährigen. Und es kennzeichnet auch seine gesellschaftliche Haltung, die sich Selbstprüfungen unterwirft. Der Gewinn an persönlicher Substanz, an »Haltung« und innerer Konsequenz, den ich in den Jahren, seitdem ich Borchert kenne, an ihm beobachte, findet sich in seinen Arbeiten wieder, denen jede expressive Pose fremd ist. Fotos, wie die für dieses Buch ausgewählten, sind selbst so etwas wie ein Zeichen der Treue gegenüber einem Metier, das wie kaum ein anderes zur Suche nach dem schnellen Erfolg verführen könnte. Christian Borchert ist derartigen Verführungen ausgewichen, wobei ihm bildende Kunst und Literatur zu Ratgebern wurden. Seine Freundschaften mit Malern, Schriftstellern und gleichgesinnten Kollegen, wie dem verstorbenen Uwe Steinberg, haben ihm geholfen, Isolierungen zu vermeiden, und gaben ihm Denkanstöße.

Das Mietshaus auf der Rückertstraße, in dem er seine Kindheits- und Jugendjahre verbrachte, die »Rädelsburg«, ein inzwischen verfallendes Kino, in dem er seine ersten Filme sah, die Straßen um den Hubertusplatz, ein traditionelles Arbeiter- und Kleinbürgerviertel, – für Borchert gehören die frühen Eindrücke zu den Realien seines Lebens, ohne die seine Arbeit nicht denkbar wäre. Immer wieder kommt er in Gesprächen darauf zurück: Zeichenhaft glaubt er, im Geheul der Sirenen und inmitten der Hektik der dem Luftschutzkeller entgegeneilenden Hausbewohner in der Nacht des 13. Februar den von der brennenden Stadt geröteten Himmel über der Silhouette der Fabrik »Rheostat« auf der Großenhainer Straße gesehen zu haben, auf deren Dach sich der Schattenriß eines Mannes im Rollstuhl abzeichnete.

Dresden als Lebensraum, das Leben in dieser Stadt als eine mögliche »geistige Lebensform«? Allerdings – und das bekräftigt seinen Gedanken von der Distanz als Ausdruck der Würde – wirkt die inzwischen erworbene Entfernung zu der Stadt als Stimulanz bei der Aneignung ihrer Gegenwart.

Fotografien können den imaginierten Besitz von Vergangenheit vermitteln, doch sie können auch helfen, die Gegenwart zu begreifen. Als Mittel zum Bewahren von Erfahrungen und Erlebnissen kann sich bereits der Amateur in den Besitz von Bildern bringen, deren dokumentarischer Wert mit der Zeit wächst. Aber erst die Souveränität, mit der der Fotograf sich seiner Zeit annimmt, indem er seine Person in seine Arbeiten einbringt, seine Handschrift, seine nur ihm eigentümliche Art, aus dem »Angebot« der Wirklichkeit seine Auswahl zu treffen, konstituiert das, was man »Werk« nennt. Das gilt für die großen Fotografen der Vergangenheit ebenso wie für jene, die wir als Chronisten der Neuzeit betrachten.

Mit Hermann Krone (1827–1916), Walter Hahn (1889–1969) und Richard Peter sen. (1895–1977) nennen wir drei Namen, die eine unübersehbar gewordene Tradition Dresdner Fotografie begründeten oder fortsetzten. Als Künstler, aber auch als Zeitzeugen haben sie Christian Borcherts inneres Verhältnis zu der Stadt seiner Kindheit und seine Begriffe von einer Bildsprache mitgeprägt, die dieser Stadt angemessen erscheint.

Heute, so scheint es, beginnen sich die Aufnahmen solcher Chronisten vor unserem inneren Auge ineinanderzublenden. Die Fotos Krones vom Theaterplatz mit der Augustusbrücke bezeugen wie die Walter Hahns, die uns den Blick auf die unzerstörte Stadt überliefern, *eine* Kontinuität. Eine andere reicht von Krones Bildern der Ruine der ersten Semperoper bis zu jenen von Richard Peter sen., der den winterlichen Theaterplatz mit der Opernruine 1947 fotografierte. Borchert knüpft mit seinen Fotografien des wiedererstehenden Gebäudes an beide Traditionen an, indem er Perspektiven überliefert, die schon einmal, freilich anders, mit dem Auge der Kamera gesehen wurden.

Wenn sich in einigen Jahren vielleicht kaum noch jemand der künftigen Opernbesucher an die Ruine erinnern wird, die gegenüber der Hofkirche lange auf ihre Wiederauferstehung wartete, werden Borcherts Fotos die Erinnerung an das wach halten, was sich hinter Putz, Stuck und Farbe verbirgt.

Ariadne und Dionysos, auf der Pantherquadriga Schillings vermählt, »Wahrzeichen des musikalischen Dresdens«, triumphieren über der Exedra des Semperbaus. In einem Brief, der sich in Borcherts Familienpapieren befindet, schreibt Borcherts Großvater, Stationsvorstand i.R. der Sächsisch-Böhmischen Dampfschiffahrt AG, am 4.8.1943 seinem Sohn an die Front: »In Hamburg muß es noch schlimmer aussehen. Dort war ja zweimal Großangriff und müssen sich fürchterliche Szenen abgespielt haben. 20 Züge mit Bombengeschädigten sind durch Leipzig gekommen. Lastkraftwagen sind von auswärts dorthin beordert worden. Durch Zufall habe ich erfahren, daß auch Schiffe von uns eingesetzt worden sind, um Menschen wegzubringen. Man fragt sich bloß, wie lange noch?«

Zu dem Stichwort »Dionysos« lesen wir bei Robert Ranke-Graves: *Auf Heras Befehl ergriffen die Titanen Zeus' neugeborenen Sohn Dionysos, ein Kind mit Hörnern und Schlangenkrone, und rissen ihn in Stücke. Die Reste kochten sie in einem Kessel. Ein Granatapfelbaum entsprang dem Boden an der Stelle, wohin sein Blut getropft war. Aber seine Großmutter Rhea sammelte alle Teile und fügte sie wieder zusammen. Dionysos lebte wieder und wurde Persephone anvertraut.*

Noch einmal in die »Bergwirtschaft« am Wilden Mann zurückgekehrt, beschließen wir den letzten Tag in dieser Stadt. Borchert, erschöpft, spricht von einer plötzlichen inneren Leere. Eine über sieben Jahre ausgehaltene Spannung beginnt sich zu lösen. Von der Terrasse des Restaurants genießen wir einen unverhofft schönen Blick auf das winterliche Dresden, das von hier aus wie niemals zerstört erscheint.

Leipzig, August 1984

Fotonachweis für die Textabbildungen: Büro des Bezirksarchitekten, Dresden: S. 35; Sächsische Landesbibliothek Dresden, Deutsche Fotothek: S. 12/13, S. 13, S. 15, S. 16; Gerhard Döring, Dresden: Vorsatz, Nachsatz, Zwischenaufnahmen S. 9, S. 10, S. 11; Institut für Denkmalpflege, Arbeitsstelle Dresden: S. 14; Institut für Kulturbauten, Berlin: S. 22, S. 23; Institut für Technologie kultureller Einrichtungen, Berlin: S. 20, S. 21; Staatliche Kunstsammlungen Dresden, Kupferstich-Kabinett: S. 42; Technische Universität Dresden: S. 11

ISBN 3-364-00019-0
3. Auflage 1987
Veröffentlicht unter der Lizenz-Nr. 413-455/A3/87
Gesamtherstellung:
Druckhaus Weimar/Druckerei Fortschritt Erfurt
Reproduktion: Druckerei Neues Deutschland Berlin
Grafische Gestaltung: Walter Schiller
Gestaltung des Tafelteils: Walter Schiller, Christian Borchert
Printed in the German Democratic Republic
LSV 8116. Best.-Nr. 500 594 8.
05400

VORSTELLUNGSHAUS

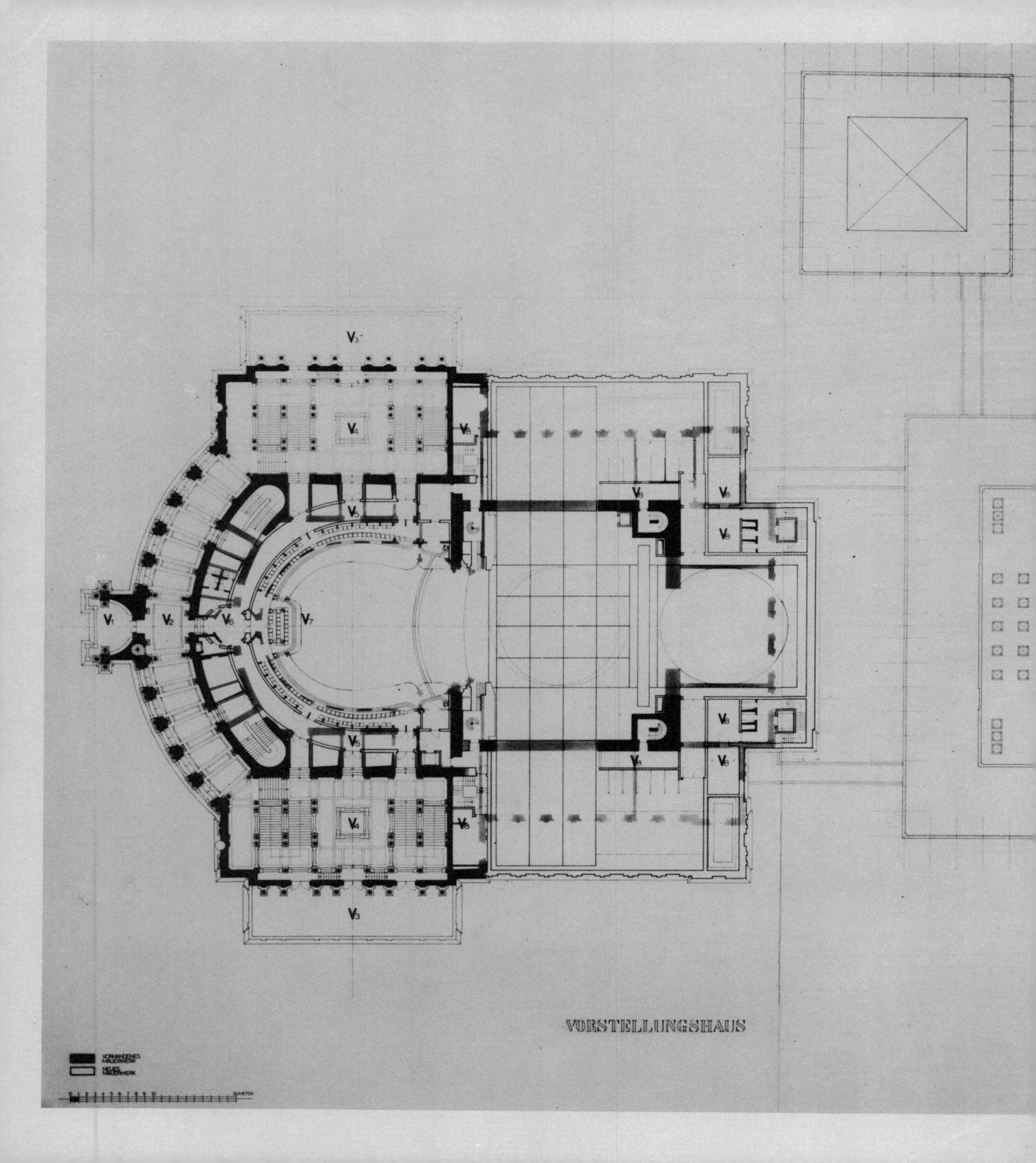